Bernd Severin

# DAS UNIVERSUM HAT EINEN PLAN FÜR DICH

– Band 1 –

## 7 magische Schlüssel

Copyright: © 2016 Bernd Severin - www.berndseverin.com
Lektorat: Erik Kinting / www.buchlektorat.net
Umschlag & Satz: Erik Kinting

Verlag: tredition GmbH, Hamburg
Printed in Germany

Das Werk, einschließlich seiner Teile, ist urheberrechtlich geschützt. Jede Verwertung ist ohne Zustimmung des Verlages und des Autors unzulässig. Dies gilt insbesondere für die elektronische oder sonstige Vervielfältigung, Übersetzung, Verbreitung und öffentliche Zugänglichmachung.

Bibliografische Information der Deutschen Nationalbibliothek:
Die Deutsche Nationalbibliothek verzeichnet diese Publikation in der Deutschen Nationalbibliografie; detaillierte bibliografische Daten sind im Internet über http://dnb.d-nb.de abrufbar.

# Dank

Folgenden Personen möchte ich ausdrücklich danken für ihre großartige Unterstützung, für Beiträge zu meinem Lebensweg und zur Erschaffung dieses Buches:

Petra Severin und meinem ganz speziellen Partner auf vier Pfoten Sam, für ihre unschätzbare Hilfe bei diesem Buch. Sie waren und sind immer an meiner Seite, ihre Liebe und Unterstützung kennt keine Grenzen. Sie sind die kostbarsten Juwelen meines Lebens; allein durch ihre Existenz erhellen sie jeden Atemzug, den ich mache.

Meinem Bruder Franz-Josef Severin und seiner Familie: Susanne Severin, den Söhnen Christopher und Philipp sowie den Freunden auf vier Pfoten Miles und Leo.

Meinen kostbaren Freunden für ihre Liebe und Unterstützung: Frank, Leonie, Lina, Lisa, Maximilian, Oliver und Theodora.

Die Arbeit mit Prof. Dr. Oliver Pott und seinem Team von *Founder* war eine angenehme und herzliche Erfahrung. Sie haben viel Know-how und ein großes Herz; Leonie hat mich bei meinem Vorstoß in dieses neue Territorium besonders unterstützt.

Schließlich widme ich dieses Buch dem Andenken meiner Mutter Maria Severin und meines Vaters Engelbert Severin, deren Licht und Liebe auch weiterhin durch unser Leben leuchten.

# Inhaltsverzeichnis

**Einführung** ............................................................................ 7
**Es begann mit einem Traum** ..................................................... 9
**Es gibt keine offenen Fragen** .................................................. 14
**SCHLÜSSEL 1:** Einfühlungsvermögen ................................... 17
   Werte ersetzen Vorschriften .................................................. 20
   Auf welchen Punkt wir unsere Energie konzentrieren ............ 24
   Geduld ................................................................................... 30
**SCHLÜSSEL 2:** Anziehungskraft .............................................. 39
   Wann ist Spezialisierung richtig, wann ist Spezialisierung falsch? ................................................................................... 40
   Wäre das Ziel diese Risiken wert? ......................................... 51
   Was ist mit all den Dingen, die man nicht so gerne mag? ..... 53
   Unsere Antworten sind vom Verstand diktiert und wir vergessen Fragen zu stellen, die aus der Seele kommen ............... 60
**SCHLÜSSEL 3:** Hingabe ........................................................... 65
   Lehre mit täglicher Meditation .............................................. 68
   Der Abstieg der Persönlichkeit .............................................. 83
   Was ist Liebe eigentlich genau? ............................................. 87
**SCHLÜSSEL 4:** Attraktivität ..................................................... 93
   Die Arbeit der letzten Jahrzehnte hat zu einer seelischen Verarmung geführt ................................................................. 98
   In unserer Welt ist man sich viel zu wenig der Notwendigkeit bewusst, die Bedürfnisse der Seele zu befriedigen ......... 103
   Wir appellieren an das Bedürfnis der Persönlichkeit nach Selbsterhaltung, Status, Stärkung des Egos und Anerkennung ... 105

**SCHLÜSSEL 5:** Multiplikation ............................................... 111

   Die Liebe Gottes bezeichnen viele als die Kraft, die ihr Leben überhaupt ermöglicht ........................................... 116

   Die Wahrheit sagen und Versprechen halten ....................... 117

   Das Leben planen mit dem, was im Herzen brennt ............... 122

   Unsere Seele sehnt sich nach der tröstlichen Wärme der Wahrheit ................................................................................ 123

   Das Prinzip der Liebe ........................................................... 128

**SCHLÜSSEL 6:** Zuhören ..................................................... 135

   Menschenfreundlichkeit ....................................................... 141

   Der Glaube ............................................................................ 145

   Emotionale Reife .................................................................. 146

   Wenn wir keine Würde oder keinen Sinn in unserer Arbeit sehen können, müssen wir uns fragen, warum wir sie immer noch verrichten ..................................................................... 149

**SCHLÜSSEL 7:** Könnerschaft (ich denke und sehe = Mut) ..... 155

   Was nennt man Ernte? ......................................................... 157

   Zur großen Seelenernte ........................................................ 160

   Die eine Vision, die alle Lebensbereiche umfasst ................. 162

   Durch die Art der Kommunikation haben wir die Fähigkeit, Seelen zu verletzen oder zu heilen ....................................... 163

   Schlusswort .......................................................................... 169

**Literaturempfehlungen** ......................................................... 171

# Einführung

Dieses Buch erzählt eine wahre Geschichte. Es ist meine Geschichte – mein Name ist Bernd Severin.

Es geht in diesem Buch nicht um Esoterik, Okkultismus, Übersinnliches, Magie oder Metaphysik. In diesem Buch geht es um den Prozess des bewussten, absichtsvollen Erschaffens und um die Vereinigung des Normalbewusstseins mit dem höheren Bewusstsein Deiner Seele.
Ich möchte, dass Du verstehst, dass Dein Leben nicht durch ein blindes Schicksal bestimmt wird und dass auch niemand anders Macht darüber hat. Jeder Mensch hat selbst die Kontrolle über sein gesamtes Leben.
Ich möchte, dass Du verstehst, warum die Reichen scheinbar immer reicher und die Armen immer ärmer werden. Warum etwas immer noch besser wird, wenn es einmal gut ist, und warum etwas immer noch schlimmer wird, wenn es einmal schlimm ist.

Aber am wichtigsten ist mir, dass Du verstehst, dass dies ein Handbuch ist. Dieses Buch habe ich nicht geschrieben, um zu unterhalten, sondern damit Du damit arbeitest. Dies ist kein Werk, das bloß interessante Geschichten erzählt oder die Zukunft vorhersagt, sondern ein Arbeitsbuch, dessen Inhalt Du sofort in die Praxis umsetzen kannst – wenn Du willst – um für Dich ein positives neues Leben zu erschaffen.
Und so möchte ich Dich bitten, das Buch Kapitel für Kapitel aufmerksam zu lesen.
Auf meiner Reise bis hierher habe ich sehr viel erlebt. Meine tiefste Dankbarkeit gilt dabei Gott sowie den großen Avataren und

Meisterlehrern der Vergangenheit. Ihre Schriften haben ein brennendes Feuer des Verlangens in mir entzündet, um meinen Weg zu gehen. Danke, dass ich im Schatten Eurer Größe wandeln durfte. Ich ehre jeden Einzelnen von Euch.

# Es begann mit einem Traum

In meinen Träumen habe ich Bilder gesehen. Eines davon hat sich ständig wiederholt. Das Bild wurde immer deutlicher, klarer und gleichzeitig erschreckender, ja grausam und furchterregend.
Es war immer dasselbe Bild, es schien mich zu verfolgen, Tag für Tag, bis ich mich entschloss einer Anleitung zur Meditation zu folgen – in der Hoffnung, Aufschluss über genau dieses eine Bild zu erhalten.

Innerhalb der folgenden 21 Tage habe ich exakt nach der Anleitung zur Meditation gehandelt, die ich in einem spirituellen Buch über Wunscherfüllung entdeckt hatte und die mir glasklar in der Umsetzung und einleuchtend zugleich erschien – dieses eine Bild verfolgte mich über diesen Zeitraum immer weiter und weiter und weiter …

Nach Ablauf dieser 21 Tage kam mir dieser Zeitraum vor dem Hintergrund dieses einen, mir Tag für Tag immer qualvoller erscheinenden Bildes, unendlich lang vor. Mein Körper reagierte bereits darauf mit immer schmerzvoller werdenden Symptomen wie Kopfschmerzen, Übelkeit, Schwindel, Bewusstseinsstörungen und Herzschmerzen. Aber ich hatte den festen Willen, Aufschluss und Antwort zu erhalten, und offensichtlich trieb mich das an, um diese Zeit zu überstehen.

Schließlich erreichte ich den Zugang zu meiner inneren Stimme. Sie offenbarte sich anfangs in Bildern und Gefühlen, nach einiger Übung sogar gesprochene Worte und Sätze immer deutlichere Antworten auf meine Fragen ergaben. Es ging um Vertrauen zu dem, was mir meine innere Stimme sagen wollte. Konnte ich vertrauen oder sollte ich das alles für reine Fiktion halten?

Mein Körper reagierte immer heftiger. Ich bekam Angst und diese wurde immer stärker.
Dieses eine Bild habe ich mehrfach in meinen Meditationen angesprochen und um Aufklärung gebeten, bis ich mir sicherer wurde, dass die Zeit für eine Entscheidung gekommen war.
Dieses eine Bild zeigte mich liegend in einem Sarg – tot! Es zeigte mich aber in der Abfolge aus genau diesem Sarg aussteigend.
Wollte mich meine innere Stimme warnen? Vor meinem bevorstehenden Tod? Sollte ich meinen Weg ändern?
Immer und immer wieder bekam ich die Botschaft: *Treff eine Entscheidung, aber treffe sie noch in diesem Jahr!*

Ich begann zu hadern, während mein Körper immer heftiger reagierte. Sollte ich wirklich aus meiner Komfortzone aussteigen, wie ich es bereits mehrfach in meinem Leben getan hatte beziehungsweise von den Umständen dazu getrieben wurde? Was wollte mir das Leben jetzt wieder sagen?
Menschen, denen ich mich Rat suchend anvertraut hatte, um mir zu helfen, kehrte ich schließlich den Rücken, bemerkte ich doch, dass mich eben diese zielgerichtet und egoistisch davon abzuhalten versuchten, meine Richtung zu ändern. Meine körperlichen Symptome wurden währenddessen immer stärker und stärker und stärker.

Es gab für mich keinen Ausweg, also tat ich es: Ich kündigte meinen Job! Wieder einmal zu einem Zeitpunkt, da Dritte sich an dem Kuchen, den ich zuvor über ein Jahrzehnt lang gebacken und zu einem Höchstgenuss für alle Beteiligten hatte wachsen lassen, bereicherten.

Also traf ich diese für mich lebenswichtige Entscheidung, wohl wissend, dass ich mich aus einer sehr, sehr erfolgreichen Komfortzone verabschiedete – ohne zu wissen, was ich denn in Zukunft eigentlich tun sollte. Leere entstand.

Auf der Suche nach Heilung und Inspiration bekam ich von meiner Gattin, dem Liebsten und Besten der Gattung Mensch (es gibt auch noch einen Partner auf vier Pfoten an meiner Seite, dazu später) was mir in meinem Leben zur Seite steht, ein Buch von Anselm Grün OSB geschenkt.

Anselm Grün OSB gehört zu den Benediktinern und ist durch zahlreiche spirituelle Buchveröffentlichungen bekannt. Sein Buch *50 Engel für die Seele* diente mir fortan als wichtige Tageslektüre.

Zum Thema *Sinn des Lebens* und *Berufung* hatte ich zu dem Zeitpunkt bereits in einige Bücher hineingesehen. Du kennst wahrscheinlich *The Secret* und *The Law of Attraction* (Das Gesetz der Anziehung), oder hast zumindest von diesen Büchern gehört. Das alles brachte es aber für mich nicht auf den Punkt, es fehlte einfach etwas, das mich weiterbringen konnte.

So erinnerte ich mich eines Textabschnitts aus *50 Engel für die Seele*. Darin spricht Anselm Grün OSB von einem *Soul-Management,* dem *Seelen-Management* des amerikanischen Unternehmensberaters Secretan. Und tatsächlich, Secretan plädiert in seinem gleichnamigen Buch *Soul-Management* für ein Management auf höherer Ebene, in dem die seelischen Bedürfnisse mehr Aufmerksamkeit erhalten und so die Sprache der Seele wieder Teil des praktischen Lebens wird. Dieses Buch hat mich so stark inspiriert, dass es mich beflügelte andere Wege zu gehen als jemals zuvor in meinem Leben. Es beflügelte mich auf angenehme und vertraute Weise, mich auf noch nie geahnte Kräfte einzulassen – die Kraft meiner Seele.

Glaube und vertraue mir: Die Seele, Deine und meine, ist unser universeller Manager, von Gott gegeben.

In der Medizin übersetzt man die Psyche mit dem seelischen Teil eines Menschen und die Psychologie hat sich eingehend damit beschäftigt und spricht häufig von *Aufdeckung seelischer Störungen*.
Es geht also keinesfalls um die Beantwortung der Frage, ob uns der Begriff der Seele geläufig ist, ganz im Gegenteil kennst Du bestimmt Aussagen wie:

- *Das berührt meine Seele.*
- *Eine Seele von Mensch.*
- *Die Seele des Hauses.*
- *Seelen Verwandte.*
- *Essen hält Leib und Seele zusammen.*
- *Körper, Geist und Seele bilden eine Einheit.*

Nach und nach verstand ich, wohin meine Reise gehen sollte. Es war ein Auftrag, ein Traum und immer deutlicher begriff ich, warum ich zu diesem Zeitpunkt auf diesen Weg geschickt wurde.
Die Botschaft lautete:

- Bring die Seele zurück in das Bewusstsein der Menschen, und zwar ganzheitlich in alle ihre Lebensbereiche.
- Bring die Seele unter Respekt und Anerkennung wieder in den Alltag der Menschen, in ihre Persönlichkeit.
- Lehre die Menschen den Plan ihrer Seele, den Bauplan für ihr Leben und gib ihnen damit die Bauanleitung zur Verwirklichung für den Traum ihres Lebens.

- Zeige ihnen Perspektiven, welche unglaublichen und von Gott gegebenen Gaben jeder Einzelne hat und wie er sie in sein Leben bringen kann.
- Gib den Menschen Beispiele, wie sie von der Natur und den Tieren lernen können.
- Gib den Menschen das Wissen einer über ein Jahrtausend alten Weisheit, das Wissen über Polarität, das Yin und Yang.
- Löse das einzige Problem der Seele und die Seele löst alle anderen. Die Menschen brauchen nichts weiter tun als anzuerkennen, dass es sie gibt.
- Das ist Dein Auftrag, Dein Lebenswerk. Der Traum Deines Lebens.

# Es gibt keine offenen Fragen

Sämtliche Fragen sind bereits für Dich beantwortet. Das Einzige, was Du tun musst, ist in Bewegung kommen, handeln und tun. Du wirst sehen, es liegt bereits alles auf Deinem Weg. Gehe einen Schritt nach dem anderen, selbst wenn es Dir am Anfang schwerfällt oder sogar Schmerzen bereitet.
Es lohnt sich!
Dein Weg ist ein niemals endender Weg eines Schatzsuchers auf der Suche nach unendlichem Reichtum.

Stell dir bitte einmal vor, Du wüsstest genau wo Deine für Dich bestimmten Schätze zu finden sind, und stelle dir bitte einmal vor, Du wüsstest wo die Schlüssel zu den Schatzkammern zu finden sind. Was würdest Du tun? Verharren? Zurückgehen? Zweifeln? Oder würdest Du loslegen, tun und handeln?
Stelle dir einfach mal öfter diese eine Frage. Du wirst fühlen wie sich Dein Bewusstsein ändert und Deine Schatzsuche kraftvoll beginnt. Dein Schatz ist Dein von Gott gegebener Lebenstraum und noch viele, bisher unentdeckte Träume mehr.
Deine Seele, Dein göttlicher Manager führt Dich – genau dort hin! Lass los und lass es zu. Mehr brauchst Du nicht zu tun.

Auch wenn Du es nicht glauben magst: genau das fällt uns Menschen schwer, weil wir Menschen *programmiert* sind. Warum sage ich *programmiert*?
Unsere (Lebens-)Erfahrungen in unserem *System Gesellschaft* haben uns manipuliert und programmiert, dass wir oft das Einfache, uns glücklich Machende, schlicht nicht mehr sehen, nicht mehr wahrnehmen, geschweige denn fühlen. Wir tun das, von dem unser

System gesagt hat, dass es richtig und gut für uns sei, und nicht das, was wir in uns fühlen.

Erinnerst Du Dich noch an Deine Kindheit? Erinnerst Du Dich an Deine Neugierde, Deine Leichtigkeit und Spielfreude, die Du als Kind gehabt, gelebt und gefühlt hast?
Erinnerst Du Dich daran, dass Du als Kind nur die Dinge tun wolltest, und in den meisten Fällen auch getan hast, an denen Du Spaß und Freude hattest und dabei wahre Glücksgefühle entwickelt hast?
Erinnerst Du Dich daran, dass Du Dich in den meisten Fällen mit Händen und Füßen gewehrt hast, wenn Du Dinge tun solltest, die dir die Erwachsenen gesagt haben, die Du tun musstest, aber dabei weder Spaß noch Freude und wahre Glücksgefühle entwickelt hast?
Erinnerst Du Dich also daran, dass Du als Kind nur die Dinge getan hast beziehungsweise tun wolltest, die in dir Gefühle von Spaß, Freude und Glück hervorgerufen haben?
Jetzt, spätestens jetzt weißt Du, warum unser *System Gesellschaft* all die Dinge, die Du von Geburt an mitbekommen hast – von Gott gegebene Dinge wie Deine Begeisterungsfähigkeit, Spaß, Freude, Glück und Harmonie – in dir verkümmern lässt!

Im Hier und Jetzt suchen die meisten Menschen immer nach Beweisen. Ich konzentriere mich lieber auf meine Gedanken, Gefühle und Eingebungen. Manch eine Krankheit könnte bereits überwunden sein, Kraft der Gedanken, bevor es der Wissenschaft gelingt zu beweisen, warum eine Krankheit besiegt werden kann.
Mein Versprechen – ja, ich habe mir eines gegeben und ich habe es lange Zeit handgeschrieben bei mir getragen, Tag für Tag – erinnert mich immer wieder daran auf meinem Weg zu bleiben, nie

wieder zu dienen, nie wieder selbst ernannten Weisen zu folgen. Ich folge nur noch einer Weisheit: der göttlichen Weisheit, der Sprache meiner Seele, die mich mit unendlicher Kraft erfüllt und mit Fülle und Wachstum bereichert.

Wenn Du willst, nehme ich Dich mit und zeige Dir die Schlüssel zu Deinen Schatzkammern. Es wird nicht einfach, aber so geht es zu in einem Abenteuer. Gefahren lauern, Gefahren werden überwunden, spannende Action und am Ende dann das Happy End.
Und ich gebe dir noch ein Versprechen: Am Ende wird eine neue Ausgabe, eine neue Version Deiner selbst herauskommen.

Lass Dich von meiner kindlichen Neugierde auf Abenteuer und Action inspirieren und nimm sie an, die Magie, die Dich hinter den *7 magischen Schlüsseln* erwartet.

# SCHLÜSSEL 1: Einfühlungsvermögen

Menschen, die die Fähigkeit des Einfühlungsvermögens besitzen, kennen diese Situation: Sie befassen oder unterhalten sich mit einer Person und können sich wie selbstverständlich in deren Lage hineinversetzen. Sie schlüpfen in die Haut des anderen und erkennen, dass sie in diesem Moment etwas verbindet.

Einfühlungsvermögen besitzt eine enorme Kraft. Wenn jemand Einfühlungsvermögen für andere Menschen hat, dann gibt es eine automatische Folgewirkung – ohne Kraftanstrengung, und zwar Anziehungskraft. Die Begabung, den Standpunkt eines anderen Menschen zu verstehen und die Welt mit seinen Augen zu sehen, sehe ich heute als Gabe an, die leider nicht jeder besitzt oder nicht erkennt.

In der Vergangenheit war es auch mir nicht bewusst, dass ich empathisch bin. Ich habe mir selten bewusst gemacht, dass auch ich diese Anziehungskraft besitze. Diese Magie, die damit in Verbindung steht, habe ich mir kaum selber zugeschrieben. Nach einer sehr langen Zeit der Einkehr, in der ich mir diverse Situationen meines vergangenen Lebens vor meinem inneren Auge habe abspielen lassen, ist mir bewusst geworden, dass ich diese Gabe besitze. Eines wurde mir in diesem Moment sofort ganz klar:

***Behandle andere Menschen so, wie Du auch selbst gerne behandelt werden möchtest.***

Dieser Satz ist einer der entscheidenden Leitsätze meines Lebens geworden. Es ist kaum nachvollziehbar und dennoch auf eine gewisse Art wunderbar, aber glaube mir, genau dieser entscheidende Leitsatz war über drei Jahrzehnte weg. Ich habe ihn gelebt, aber er war nicht präsent, nicht mehr greifbar bewusst, obgleich ich mein tägliches Verhalten danach lebte und auch erlebte.
Offenbar war so den großen Erfolgen meiner Arbeit der Weg geebnet. Das großartige Gelingen meiner Aufgaben und die Erreichung der Ziele zogen sich wie ein roter Faden durch mein erfolgreiches Leben. Doch meine Umgebung, mein Umfeld, war geprägt von Neid, Missgunst und Hass. Wie ein giftiges Terrain, das seine Kreise um mich zog und nicht der Acker war, auf dem ich meine Samen verstreuen wollte.

Ein wesentlicher Anziehungspunkt meiner Arbeit lag darin, innere Anreize für die Menschen in meiner Umgebung zu schaffen. Der Nährboden der Anreize war eine Mischung aus der Pflege der geleisteten Arbeit, die diese Menschen täglich absolvierten, in Verbindung mit der täglichen Anerkennung dieser.

Versteh mich hier nicht falsch. Dies waren keine mechanischen Dinge wie zum Beispiel Systeme, die nur ein einziges Ziel hatten: die Steigerung der Arbeitsleistung der Menschen. Es ging bei der Anerkennung und Pflege der geleisteten Arbeit vielmehr um eine innere Befriedigung. Es ging um ein Lebensgefühl.

Dieses für unser Leben so entscheidende Gefühl kann uns, heute wie gestern, die in unserer Arbeit innewohnende Würde verschaffen. An dieser Stelle möchte ich auch gerne den kategorischen Imperativ von Kant aufgreifen. Dieser wichtige Bestandteil von Kants Philosophie sagt: *Handle so, dass die Maxime Deines Willens jederzeit zugleich als Prinzip einer allgemeinen Gesetzgebung gelten könnte.*

Der kategorische Imperativ ist das höchste Prinzip der Moral. Kant betont in seiner *Grundlegung zur Metaphysik der Sitten* weitere Varianten, unter anderem: *Handle so, als ob die Maxime Deiner Handlung durch den Willen zum allgemeinen Naturgesetz werden sollte.* Diese Handlungsanweisung in der Philosophie Immanuel Kants spiegelt mein Lebensziel wieder: Ich behandle meine Mitmenschen, so, dass es zur allgemeinen Gesetzgebung werden kann – so, wie ich auch behandelt werden möchte.

Kants Imperativ nennt sich dabei *kategorisch*, weil er ohne Einschränkung gültig ist. Wäre der Imperativ hingegen *hypothetisch*, so würde er unter einer bestimmten Bedingung stehen. Ein großer Unterschied, wie Du merken wirst. Eine Bedingung sagt nämlich aus, dass ich X tun muss, wenn ich Y möchte. Ich handle nicht so, weil ich etwas erreichen möchte, sondern weil es aus meiner Sicht ein Maßstab sein muss, nach dem ich mein Leben ausrichten möchte, und zwar immer, ungeachtet wechselnder empirischer Stimmungen. Diese Stimmungen begleiten mich natürlich, doch sie dürfen mein und Dein Handeln nicht motivieren.

Also behandle alle Menschen so, wie auch Du behandelt werden möchtest. Immer.

Natürlich gibt es immer wieder Momente, in denen Du merken wirst, dass diese Maxime nicht funktioniert. Dann wirst Du von Deinen Gefühlen vielleicht ergriffen werden. Zu erkennen, was man möchte und wer man sein möchte, ist ein Weg, den man gehen muss. Du kannst Dich natürlich nicht entscheiden ab heute so zu werden. Das funktioniert nicht. Aber Du kannst Dich entscheiden, diesen Weg zu gehen, und dann wirst Du ihn genießen und die innere Ruhe finden, denn die am Wohl der anderen orientierte Einstellung bildet die Grundlage für Dein eigenes Glück.

## Werte ersetzen Vorschriften

Fragen besitzen eine große Macht, die manche Menschen noch nicht zu schätzen wissen. Fragen sind Ausdrucksmittel und in vielen Situationen viel hilfreicher als Aussagen. Fragen besitzen eine intellektuelle Triebkraft. Sie haben die gesamte Entwicklung der Menschheit vorangetrieben. Fragen geben in vielen Bereichen der Entwicklung die Richtung vor.
Ich habe mir Gedanken darüber gemacht, welche Fragen mich in meinem Leben beschäftigt haben. Welche Fragen sind für mein Leben entscheidend gewesen und haben meine Entwicklung vorangetrieben?
In meinem Leben gibt es drei sehr entscheidende Fragen:

1. Tue ich tatsächlich mein Bestes?
2. Nützt es den anderen?
3. Befriedigt es die Bedürfnisse der Menschen?

Um von vorneherein ganz ehrlich miteinander zu sein: Wenn jeder Mensch diese drei Fragen uneingeschränkt und aus voller Überzeugung mit einem klaren *Ja* beantworten könnte, wäre dann nicht jede Vorschrift überflüssig?

Wenn wir absolut davon überzeugt sind,
- dass wir mit allen Mitteln, die wir haben, immer und zu jeder Zeit alles ausschöpfen und die bestmögliche Entscheidung treffen,
- dass wir alle unser Handeln auf entscheidenden Nutzen für die Menschheit ausrichten,
- dass die Bedürfnisse der Menschen, d. h. deren Persönlichkeit und Seelen in vollem Umfang befriedigt werden,

ist dann damit nicht bereits alles gesagt? Werden dann dadurch nicht alle Vorschriften überflüssig?

Dann ist doch auch vollkommen klar, was die Seele der Menschen beflügeln könnte, oder?

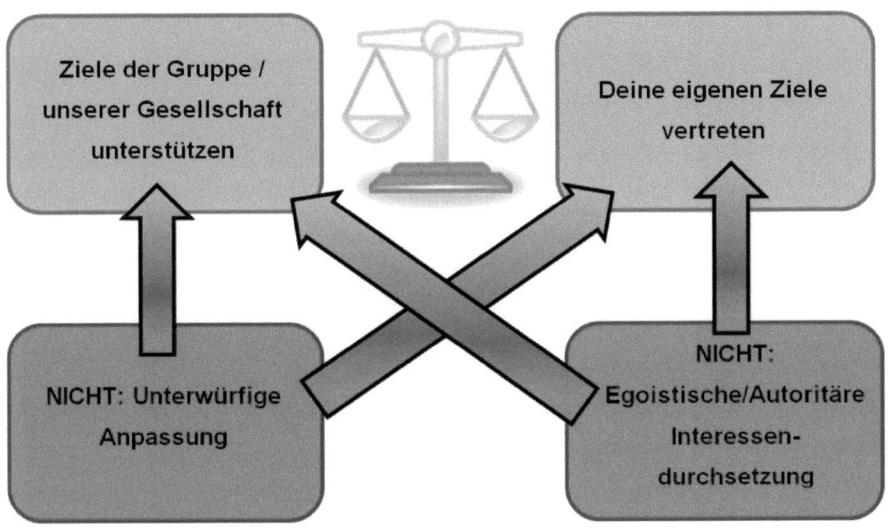

**Das eine macht das andere aus**
Alles hat zwei Pole. Bei der Erde findet sich das Prinzip in den geografischen Polen, dem Pluspol und dem Minuspol wieder. Beide Pole sind durch die Erdoberfläche und durch den ganzen Erdkörper miteinander verbunden. Ohne das eine wäre das andere unvollständig. So wie die Erde, hat alles zwei Pole. Alles, jeder Bestandteil unserer Welt hat ein Paar von Gegensätzlichkeit. Somit kannst Du auch erkennen: Gleich und ungleich sind dasselbe, sie unterscheiden sich nur im Grad.
Erkennst Du die Wahrheiten in diesem Prinzip? Alles ist zweifach und alles besitzt zwei Pole. Auch Gegensätze sind ähnlich, sie unterscheiden sich nur im Grad und aus diesem Grund können entgegengesetzte Pole auch immer in Einklang kommen. Pessimisten und Optimisten sehen die gleichen Dinge, nur jeweils in einem anderen Licht.
Diese Erkenntnis zeigt Dir: Gegensätze sind eigentlich dieselbe Sache; Extreme, die durch ihre Abstufungen verbunden bleiben.
Ich möchte Dir ein Beispiel geben: Wärme und Kälte sind Gegensätze und trotzdem dasselbe. Wärme und Kälte unterscheiden sich nur in ihrem Grad. Überlege: Wo endet *warm* und wo beginnt *kalt*? Du kannst es vielleicht in etwa sagen: *Ein warmer Sommertag beginnt bei x Grad*. Wann ist Dein Kühlschrank aber warm? Sicherlich nicht erst dann, wenn Du sagst *Ein Sommertag ist warm bei x Grad*, sondern schon viel früher. Es gibt also kein absolutes Warm und kein absolutes Kalt. Die Begriffe *warm* und *kalt* geben nur einen unterschiedlichen Grad einer Sache an.
Dieses Prinzip kannst Du auf diverse Bereiche des Lebens anwenden. Mit dem Licht und der Dunkelheit sieht es genauso aus. Eigentlich ist es dieselbe Sache, doch sie sind graduell unterschiedlich weit entfernt von den beiden Polen des Phänomens. Entscheide: Wann endet die Nacht und wann beginnt der Tag?

Was ist der Unterschied zwischen einfach und schwierig? Ab wann ist etwas groß, ab wann ist es klein und was ist schwarz und weiß, scharf und stumpf oder unruhig und ruhig? Und eine der wichtigsten Fragen: **Was ist positiv und was ist negativ?**

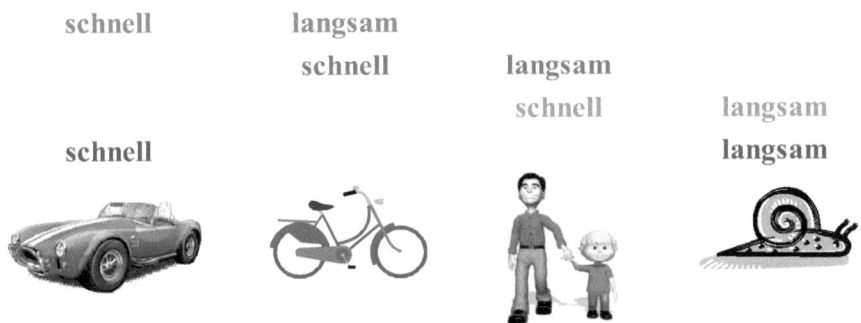

Das Prinzip der Polarität ist sehr tief greifend. Ein besonders extremes und doch so grundlegendes Beispiel ist das von Hass und Liebe: Auf den ersten Blick handelt es sich hierbei um zwei vollkommen unterschiedliche Gemütsverfassungen, doch wenn Du ganz genau hinsiehst, gibt es eben dennoch Abstufungen von Hass und Liebe, die sogar klare Zwischenstufen, wie Sympathie und Antipathie, erlauben. Diese emotionalen Zwischenstufen überlagern sich häufig so stark, dass man gar nicht genau sagen kann, ob man jemanden unsympathisch oder sympathisch oder gar egal findet. Du siehst: Diese so gegensätzlichen Gefühle sind doch nur Abstufungen eines einzigen Gefühls.

**Zu allem gibt es also immer ein Gegenstück**
Es gibt also zu allem immer ein Gegenstück und in der Beantwortung von Fragen und der Erkenntnis unserer Lebenssituationen hilft uns dieses Gegenstück. Prüfe immer zwei Auffassungen, Ein-

schätzungen und Meinungen. Beide werden dich zu einem Ergebnis führen, einer Synthese.

**Ohne Polarität wäre kein Leben möglich**
Du hast erkannt, dass Du das Prinzip der Polarität in der Natur und in jedem Lebewesen, bei Pflanzen, Menschen und Tieren wiederfindest. Nacht und Tag, hell und dunkel, schwarz und weiß. Die Pole sind immer vorhanden und brauchen einander. Daraus ergeben sich Werte und Vorschriften, die einander bedingen. Erst gemeinsam werden sie zu einem Ganzen.

*Das Ganze ist mehr als die Summe seiner Teile.*
Aristoteles

## Auf welchen Punkt wir unsere Energie konzentrieren

Ich möchte nun mit Dir zu einem ganz entscheidenden Teil kommen: Auf welchen Punkt konzentrierst Du Deine Energie?
Diese Fragestellung hat weitreichende Auswirkungen, sie ist ein Gesetz!

Viele verdrängen die Frage, schmeißen sich in den Strom des Lebens und lassen sich treiben, wie in einem Kanal, durch einen Bachlauf, den andere vorgegebenen haben. Und doch steht fest: Selbst wenn die meisten Menschen nichts von der Existenz dieses Gesetzes wissen wollen, es wird so lange existieren, wie es die Erde gibt. Sei Dir Deiner inneren Wahrheit bewusst. Achte auf Deine innere Stimme.

Niemand nimmt uns die Entscheidung ab, auf welchen Punkt wir unsere Energie konzentrieren. Es hängt von der Bereitschaft eines jeden Menschen ab, ob er das Gesetz anerkennt oder nicht. Wenn wir damit beginnen, unsere Konzentration auf die Lösung des Problems unserer Seele zu richten, wird unsere Seele alle anderen Probleme von selbst lösen. Bewusstsein und Achtsamkeit sind entscheidende Schlüsselfaktoren dieses Bereichs. Und auch ich musste erst erkennen, auf was ich meine Energie konzentrieren muss.

**Ich war ein leuchtendes Beispiel für diese Art von Abtrünnling**
Die zurückliegende Zeit bis hierher, in der ich nun dieses Buch schreibe, habe ich als sehr lehrreich empfunden, aber gleichzeitig hat sie mir meine Lebensenergie geraubt.
Nun ist es an der Zeit, die Konzentration auf eine andere Ebene zu richten. Die Menschen sehnen sich, in zunehmendem Maße, nach Sinn- und Lebenserfüllung. Die höhere Ebene sendet deutliche Signale aus und es ist an der Zeit, dass wir diese hören und wahrnehmen. Um diese Signale deutlich zu erkennen, benötigen wir das Bewusstsein und die Achtsamkeit.

Du musst Dir die Gelegenheit geben, Deinen Verstand zu gebrauchen, indem Du Dich von unvernünftigen und unnötigen Ablenkungen befreist. Wenn das gelingt, wird sich auch die Seele wieder anschließen.
Oft vermuten viele, dass man den Verstand ausschalten muss, um der inneren Stimme zu folgen, doch das ist nicht richtig. Auf die innere Stimme zu hören bedeutet nicht, den Verstand auszuschalten. Nachdem Du Deiner inneren Stimme Gehör verschafft hast und sie zu Wort gekommen ist, ist der Verstand für die Ausarbeitung der Details verantwortlich.

Die Sehnsucht nach Freiheit, die Einengung durch die Bürokratie und der leidenschaftliche Wunsch, die Fesseln von Richtlinien abzuwerfen, werden von der Forschung übereinstimmend als Gründe für den Schritt in die Selbstständigkeit beschrieben. Ich möchte Dich zu dieser Selbstständigkeit ermutigen und antreiben, genauso, wie ich es für mich getan habe, als ein leuchtendes Beispiel eines *Abtrünnlings*.

**Das Lebensspiel**

Das Leben als ein Spiel zu begreifen – damit fing alles an. Ich begann mich mehr und mehr mit der Natur zu beschäftigen, schon alleine deshalb, weil mein Partner auf vier Pfoten täglich nach ausgedehnten Spaziergängen in der Natur verlangte.
Ich lernte bewusster und achtsamer durch die Welt zu gehen. Scheinbar alltägliche und unspektakuläre Dinge begann ich anders wahrzunehmen. Es war genau diese Leichtigkeit, die ich in der Natur beobachtete. Gras wächst dort wo es wächst und passt sich der Umgebung an. Es wächst mit Leichtigkeit und sucht sich, ohne jeglichen Kraftaufwand, seinen Weg. In den natürlichen Zusammenhängen der Natur können wir Prinzipien erkennen, die ganz von selbst funktionieren.
Der Mensch unterliegt denselben Prinzipien, wie die Natur auch. Treten Funktionsstörungen im menschlichen System auf, sodass dies aus dem Gleichgewicht gerät, greift die Natur ein und stellt die Balance wieder her. Diese innere Balance beinhaltet auch die Fähigkeit zu Dir selber *Ja!* sagen zu können. Die Liebe ist das tiefste Gefühl, das Dich selbst mit anderen verbindet. Nur wenn Du Dir gegenüber eine Wertschätzung empfindest, kannst Du Liebe für andere empfinden. Menschen, die sich selbst gegenüber keine Wertschätzung empfinden, bleiben abhängig von der

Wertschätzung und Liebe anderer und führen daher kein freies Leben.

Es ist wichtig, dass Du die Verantwortung für Dich selber übernimmst und Dir immer wieder klar machst: *Ich bin für meine Lebensumstände verantwortlich.* Auf was willst Du also Deine Energie konzentrieren? Bedenke: auch negative Gefühle gehören zum Leben. Du solltest Dich nicht gegen sie wehren, auch wenn sie unangenehm sind. Nimm sie an, wenn sie aufkommen, und lass sie vorbeiziehen – wie eine Wolke, die Dir kurzfristig den Blick auf die Sonne verwehrt, oder wie ein Zug, den du beim Vorbeifahren beobachtest. Das, was Du wichtig nimmst, stärkst Du auch. Und was Du Deiner Aufmerksamkeit entziehst, das schwächst Du. Gib den guten Dingen also Platz und Raum, um sich zu entfalten, und entdecke diesen Raum. Darauf konzentrierst Du Deine Energie.

**Die Persönlichkeit zeigt sich in unserem Lebensstil**
Ich habe meine Arbeit der vergangenen Jahre vor allem deshalb verabscheut, weil sie in der Regel von Menschen in meiner unmittelbaren Umgebung zu stark vom Verstand und zu wenig von der inneren Führung der Seele bestimmt wurde.
Menschen wollen, dass ihre Seele mit in ihre Persönlichkeit einbezogen wird und nicht außen vor bleibt. Unsere Persönlichkeit wird geprägt durch unsere Umgebung, unsere Gene, unsere Eltern und unsere Lebenserfahrung.
Angenommen, wir würden die Kunst erlernen, Seele und Persönlichkeit bei der Arbeit und in allen anderen Lebensbereichen miteinander in Einklang zu bringen. Unsere Persönlichkeit ist auf die Befriedigung von Bedürfnissen ausgerichtet und wir befriedigen unsere Bedürfnisse, indem wir unsere Persönlichkeit dazu nutzen,

unsere Umgebung und andere Menschen mithilfe unserer fünf Sinne zu beeinflussen und zu kontrollieren.

Angenommen, wir würden lernen, durch einen sechsten Sinn miteinander zu kommunizieren, direkt von Seele zu Seele? Der Seelen-Austausch mit anderen gibt Dir Energie. Der Mensch ist ein soziales Wesen und zwischenmenschliche Kontakte sind für ihn daher lebensnotwendig. Die Grundlage hierfür ist das Verständnis, dass Kommunikation bei Dir selber anfängt. Du musst Dich im Kontakt mit Mitmenschen überprüfen. Gibt es Menschen die Dir nicht guttun, weil sie vielleicht pessimistisch sind oder Dich aussaugen? Verlagere hier Deinen Fokus. Distanziere Dich von diesen Menschen. Sammle im Kontakt mit lieben Menschen Energie.

Zwar haben Psychologie und Psychoanalyse ein enormes Wissen angehäuft, aber ein Großteil ihrer Forschung hat sich auf eher plumpe Konzepte von Motivation, Leistung und Führungsqualitäten beschränkt, die sich auf die Persönlichkeit stützen.

Seit dem 17. Jahrhundert, und ganz besonders in den letzten 100 Jahren, in denen die moderne Psychologie und die Verhaltensforschung entstanden sind, hat sich die Unternehmenstheorie auf die Frage konzentriert, wie wir Arbeitnehmer, Kunden und Zulieferer noch effizienter manipulieren und kontrollieren, ihre Bedürfnisse noch besser befriedigen können.

Alle Methoden zielen darauf ab, dieses Instrumentarium zu verfeinern. Die Menschen verwenden oft viel Energie darauf ihr Wissen und ihre Intelligenz zu erweitern. Dabei gerät oft einiges in Vergessenheit: das gute Herz. Es ist wichtig, sich für diese Seite des Menschen genauso zu begeistern. Die Entwicklung eines guten Herzens wird oft einfach in die religiösen Bereiche abgeschoben, doch für mich ist es wichtig Dir zu zeigen, dass dies eine allgemein menschliche Angelegenheit ist, die eine große Bedeutung besitzt.

Wie ich eben schon beschrieben habe, ist die Grundlage die Kommunikation, die bei Dir selber anfängt. Reine Präsenz. In dem Moment, in dem Du Dir Deines Körpers bewusst bist, strahlst Du diese Präsenz nach außen. Und diese Präsenz ist auch eine entscheidende Basis für Verständnis, Empathie und Mitgefühl. Du musst bereit sein, Dich auf andere Menschen einzulassen. Interessiere Dich ehrlich für Deine Mitmenschen und beobachte mal, wie wenig Menschen die Gabe besitzen tatsächlich zuhören zu können. Prüfe, wie Du Dich anderen Menschen gegenüber verhältst. Mit welchen Menschen fühlst Du Dich besonders wohl? Gibst Du Deinen Mitmenschen das Gefühl bei ihnen zu sein, wenn sie Dir etwas erzählen? Indem Du selber wachsam bist und Dich analysierst, schulst Du natürlich Deine Präsenz. Nimm den Menschen, der Dir gegenübersitzt, in dem Moment als den wichtigsten Menschen wahr. Wenn Du Dich selbst positiv wahrnimmst und offen bist, so wirst Du auch von Deinen Mitmenschen positiv wahrgenommen. Die Art Deiner Selbstwahrnehmung, strahlt also auch auf die Fremdwahrnehmung aus.

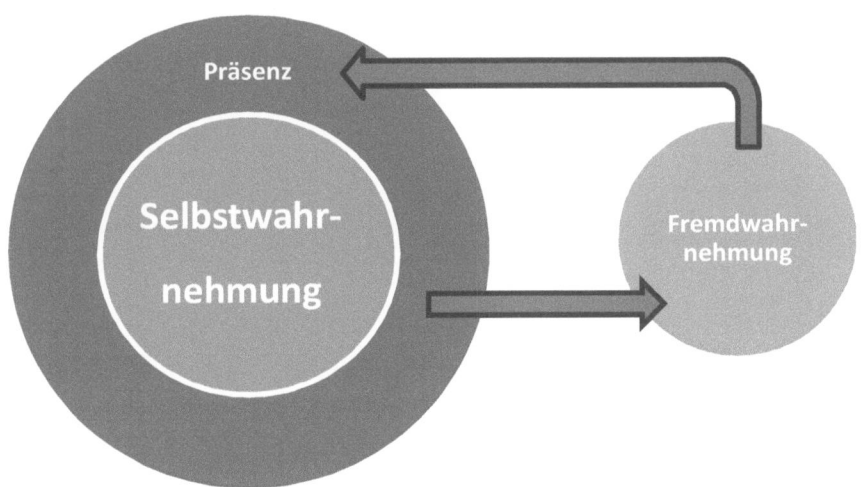

Und die Forschung hat diverse Male belegt: Menschen, die zuhören und sich in andere hineinversetzen können, sind glücklicher in ihrem Leben. Sammle Energie durch den Austausch mit Menschen und bring Dich in Balance. So erkennst Du Dich und das, auf das Du Deine Energie konzentrieren möchtest.

Ein wichtiger Punkt ist an dieser Stelle die Geduld. Dieser Bereich ist mir so wichtig, dass ich hier ein separates Unterkapitel erstellt habe:

## Geduld

Seelenarbeit ist in erster Linie eine Sache der Geduld. Du kannst nicht von heute auf morgen Dein Leben ändern. Du musst aufpassen, dass Deine Seelenarbeit nicht von der neuesten Managementmethode, die schnelle Erfolge verspricht, zunichtegemacht wird. Denn dann wirst Du nicht Du sein und Deiner inneren Stimme zuhören. – Du wirst Dich fremdleiten lassen, aufgrund der neuesten wissenschaftlichen Erkenntnisse.
Gib Dir selber viel Zeit für Deine Seelenarbeit und kehre in Dich. Setze Dir vernünftige Termine und veranschlage für die Vollendung noch mal so viel Zeit.

Mich hat an dieser Stelle immer das Wachstum eines Bambus fasziniert. Er steht für mich als Sinnbild der Geduld und langsam reifender Stärke, die dann in voller Kraft ausbricht.
Erst fällt der Same in die Erde, dann wird er vom Regen getränkt und vom Boden genährt. Im ersten Jahr passiert gar nichts. Regen und Boden nähren den Keim weiter. Auch im zweiten Jahr passiert nichts. Ebenso im dritten und vierten Jahr.

Dann, im fünften Jahr, wächst der Bambus plötzlich und wird innerhalb von sechs Wochen 30 Meter hoch. Er bricht in seiner vollen Stärke aus. Und die Frage die sich stellt: Ist der Bambus nun in sechs Wochen oder in fünf Jahren zu dieser Höhe herangewachsen? Wäre die Natur ungeduldig geworden und hätte ihm irgendwann in den fünf Jahren die Nahrung entzogen, wäre der Bambus abgestorben. So sollten auch wir der Versuchung widerstehen, unsere Reise abzubrechen, bevor wir am Ziel sind. Auch der Bambuskeim stirbt ab, wenn wir ihn ausgraben, um nachzusehen, ob er auch wächst.

Der Bambus braucht fünf Jahre, um 30 Meter hoch zu wachsen. Von der Natur kann man lernen, was man mit Geduld und dem richtigen Nährboden erreichen kann.


**Zwischen Versprechen halten und Wahrhaftigkeit besteht ein enger Zusammenhang**
Das gilt in der Wirtschaft ebenso wie in jedem anderen Lebensbereich. Wenn wir jemandem etwas versprechen, müssen wir uns ganz bewusst entscheiden, ob wir auf dieser höheren Ebene bleiben wollen oder nicht. Jedes Mal, wenn wir ein Versprechen brechen, machen wir wieder einen Schritt zurück, nach unten, schaffen eine Distanz zu der höheren Ebene des Vertrauens und der Integrität – und es ist schwer, mitunter sogar unmöglich, wieder emporzusteigen.
Wenn wir viele Schritte nach unten in das Tal gemacht haben, das heißt, wenn wir vielen Menschen gegenüber wiederholt Versprechen gebrochen haben, ist unsere Glaubwürdigkeit zerstört.
Weil Menschen, welche diese höhere Ebene verlassen haben, nur äußerst schwer wieder nach oben gelangen, wechseln sie häufig in eine neue Umgebung, denn dort können sie gefahrlos wieder auf

dem Gipfel beginnen – es sei denn, die Menschen in der neuen Umgebung kennen die Vergangenheit dieser Menschen und wissen, wie sie sich früher verhalten haben.

**Was hält uns davon ab, unserer Seele wirklich zu einem Durchbruch zu verhelfen?**
Entspann Dich einen Augenblick. Atme ein paarmal tief durch und löse Deine inneren Spannungen. Achte darauf, dass deine Zähne nicht aufeinander gebissen sind und deine Stirn nicht gerunzelt ist. Atme ganz tief in Deinen Bauch ein und lass die Luft wieder entströmen. Störende Gedanken, die jetzt aufkommen, nimm wahr ohne sie zu bewerten; sag Dir: *Darüber kann ich auch später noch nachdenken. Jetzt möchte ich in diesem Moment sein und mich entspannen.* Spüre, wie Du Dich immer tiefer entspannst und wie sich die positive Energie in Deinem Körper ausbreitet.
Denke über Dein Leben nach. Welche Rolle spielst Du in diesem Leben? Was für eine Rolle ist das?

Stelle Dir nun einmal die folgenden Fragen:

1. Welche Anstöße kommen aus meinem Verstand? Wenn ich die Anregungen meines Verstands befolge, wie wird dann meine Entscheidung ausfallen?
2. Welche Anstöße kommen aus meiner Seele? Wenn ich die Anregungen meiner Seele befolge, wie wird dann meine Entscheidung ausfallen?
3. Welchem dieser Anstöße werde ich nachgehen?

Es ist die Kunst der Entscheidung, die uns täglich fordert. Noch nie hatten Menschen so viele Freiheiten, um Entscheidungen zu fällen, wie heute. Doch die vielen Möglichkeiten machen uns auch das Leben schwer. Unsere Lebensentscheidungen spiegeln meist unsere materiellen und geistigen Werte wider.

Treibende Kraft für die Anstöße, die aus dem Verstand kommen, ist häufig das Bedürfnis unser Ego zufriedenzustellen: Es geht um materiellen Wohlstand, Selbstakzeptanz, beruflichen Aufstieg, Anerkennung, Status, Macht und Ansehen – um all die Dinge also, die uns wichtig werden, wenn wir das Wesentliche aus den Augen verloren haben.

Wie können wir trotzdem die richtige Wahl treffen? Wie können wir die subtilen Einflüsse von außen erkennen – und wie lernen wir sie zu ignorieren?

Unsere Seele gibt uns Anstöße, deren Quelle Heiligkeit, Ehrfurcht, Integrität, Liebe, Sinn, Mitgefühl und andere ideelle Werte sind.

Jeden Tag müssen wir von Neuem zwischen den beiden Möglichkeiten wählen, unserem Verstand oder unserer Seele zu folgen – und unsere Gewichtung variiert, je nachdem, wie weit wir in unserer persönlichen Entwicklung gekommen sind, wie viel Neues wir auf unserem Weg gelernt und entdeckt haben.

Zähle einmal, wie viele Entscheidungen Du jeden Tag fällen musst, von den kleinsten bis hin zu den größten und wichtigsten. Manchmal scheint einem da das Leben ein großer Irrgarten von Möglichkeiten zu sein. Die große Freiheit, die Du und ich haben, kann auch zur *Tyrannei der Wahl* werden. Und es ist oft sehr schwierig, dabei immer auf die innere Stimme zu hören, sich gegen gesellschaftliche Konventionen zu entscheiden und sich nicht fremdleiten und blenden zu lassen. Das innere Gefühl und Deine innere Stimme bestimmen die Fähigkeit, Entscheidungen zu fällen. Du entscheidest nicht rational, ohne Gefühle einfließen zu lassen. Ohne Gefühle ist Dein Verstand hilflos. Körper und Geist stehen im Einklang miteinander und Deine Vernunft und damit die Fähigkeit Entscheidungen zu treffen, hängt von der Befähigung ab, Gefühle zu empfinden.

Mich hat die Studie des portugiesischen Neurologen Antonio Damasio sehr fasziniert. Ein außergewöhnlicher Patient sollte Descartes Annahme, der Geist sei strikt vom Körper zu trennen, grundlegend erschüttern.

In Damasios Wartezimmer saß ein Patient, dem gleich hinter der Stirn ein Tumor entfernt worden war, mit tragischen Folgen: Der Patient konnte kein Autoradio mehr hören, da er sich nicht entscheiden konnte, welchen Sender er wählen sollte. Er konnte nicht ein Wort schreiben, wenn zwei Stifte zur Auswahl standen, da er nicht wusste welchen er nehmen sollte. Damasio erkannte nach diversen Untersuchungen: der Mann war emotional erkaltet. Er konnte nicht mehr den Hauch einer Emotion empfinden. Keine Trauer, keine Wut, kein Frust. Alles fühlte sich für ihn gleich an. Mit dem Fühlen hatte er auch die Fähigkeit Entscheidungen zu treffen, verloren.

## Das Wichtigste aus Schlüssel 1:

Gib Dir Zeit und übe Dich in Geduld. Auch Du kennst das Gefühl, Dich partout nicht entscheiden zu können. Lass Dich nicht aus Bequemlichkeit von außen beeinflussen und andere Deine Entscheidung treffen. Lass Dich nicht durch unwesentliche Dinge beeinflussen, sondern horche in Dich hinein und vertage eine Wahl auch mal auf morgen. Überschlafe jede Entscheidung. Nichts wirkt harmonisierender auf ein dissonantes Seelenleben als sich die Zeit zu nehmen, auf die innere Stimme und die eigene Persönlichkeit zu hören. Verhelfe Deiner Seele zum Durchbruch. Lass sie in Dir keimen und arbeite an ihr, damit sie stark wird und Kraft schöpft. Und dann bricht sie mit voller Stärke hervor, wie der Bambus.

Konzentriere Deine Energie auf Deine Seele, auf DICH. Erkenne Deine Werte und Vorschriften und akzeptiere sie als Ganzes. Was war in Deinem Leben entscheidend? Was bestimmt Dich?

Jeden Tag wirst Du Deine Lebensentscheidungen durch materielle und geistige Werte leiten lassen und nach und nach wird sich Deine persönliche Entwicklung immer weiter ausbreiten, bis Du ganz von ihr geleitet wirst und Deine Seele gibt Dir dann Anstöße, deren Quelle Heiligkeit, Ehrfurcht, Integrität, Liebe, Sinn, Mitgefühl und andere ideelle Werte sind.

Erkenne, dass Dein eigenes Verhalten durch mentale Zustände beeinflusst wird. Gefühle, Meinungen, Bedürfnisse, Erwartungen, Ideen und Absichten müssen Dir bewusst sein. Nach und nach wird sich jeder einzelne Bereich eröffnen und Du wirst ihn erkennen und dann auch fähig sein, das Verhalten anderer, Deiner Mitmenschen, zu interpretieren, die eben auch geleitet sind durch diese persönlichen inneren Faktoren.

Um diese zu erkennen musst Du zunächst selber Deinen Platz finden. Deine Aufmerksamkeit auf Dich lenken, um die Aufmerksamkeit dann auf die mentalen Zustände Deines Gegenübers zu lenken und Eigenschaften zu erschließen. Wenn Du Deine Werte erkannt hast und Deine Meinung von der anderer differenzieren kannst, dann kannst Du auch die Perspektive Deines Gegenübers einnehmen und auf ihn Rücksicht nehmen.

**Meine Notizen zum ersten Schlüssel:**

# SCHLÜSSEL 2: Anziehungskraft

Das Streben nach Ausbeutung ist für die Gesellschaft, für die Menschen bezeichnend. Dabei liegt es auf der Hand: Mit Respekt sind wir alle in der Lage viel innovativer und mit Freude Dinge zu erledigen. Wertschätzung ist ein riesiger Motivationsfaktor und anderen Menschen mit Respekt zu begegnen eine Frage der inneren Haltung.

Wir müssen uns immer und immer wieder die Frage stellen: *Nützt es den anderen?*

Sich auf beruflicher und privater Ebene so gut mit anderen zu verstehen, dass sie den Kontakt zu einem suchen, bedeutet *Anziehungskraft*.

Was wäre, wenn wir die Kunst erlernen, Seele und Persönlichkeit in allen Lebensbereichen miteinander in Einklang zu bringen? Es geht darum die Stärken des Einzelnen, Deine Stärken und die Deiner Mitmenschen, in den Vordergrund zu rücken und zu erkennen, dabei aber nicht die Schwächen unter den Tisch zu kehren. Verwechsle den Ausbau Deiner Stärken nicht damit, alles schön zu reden. Du musst Deine individuellen Schwächen erkennen und überlegen, wie man hier handeln kann. Baue auf, was bereits stark ist, und bringe in Ordnung, was noch nicht so recht gelingen mag. Wenn Du Deine Stärken kennst und diese entfalten kannst, wirst Du zufrieden.
Versuche auch die persönlichen Charakterstärken Deines Gegenübers zu erkennen. Wenn Du Deine Mitmenschen so siehst wie sie sind, dann kannst Du die Verständigung verbessern und viel ge-

zielter individuell motivieren. Das geht aber nur dann, wenn Du Dich selber erkennst und danach lebst.

Eine erfolgreiche, kreative Kultur kommt ohne Konkurrenzdenken aus. In einer solchen Gesellschaft hat jeder sein eigenes Potenzial bereits erkannt und kann es einsetzen. Diejenigen, die kreativ denken, müssen sich zwei entscheidende Fragen stellen:

1. Wie kann ich es noch besser machen?
2. Wie kann ich es anders machen?

Viele wollen immer das Beste machen, ohne ihr eigenes Potenzial zu sehen. Prüfe Dich: Was sind Deine Ziele? Bringst Du auch das Potenzial zur Erreichung dieser Ziele mit? Fördere Deine Stärken und akzeptiere ebenso Schwächen, die zu Dir gehören. So erkennst Du Dein wahres Potenzial.

Die Anziehungskraft, die daraus entsteht, produziert automatisch Ergebnisse. Göttliche Ergebnisse haben eine weitere automatische Auswirkung, die wir uns so gerne wünschen: Hingabe.

## Wann ist Spezialisierung richtig, wann ist Spezialisierung falsch?

In jeder Frucht steckt ein Kern, eine fertige und bei der Geburt bereits vorhandene Existenz. Darin enthalten ist eine gewaltige Power an Einfachheit. Wir sollten daher alles tun, um einfach zu bleiben beziehungsweise wieder einfacher zu werden und einfacher zu denken.

Welcher Kern steckt in Dir?

**Wir müssen nur wieder lernen, einfach zu denken und zu handeln.**
Künftig werden jene Menschen erfolgreich sein, die es verstehen, die komplizierten Dinge wieder einfach zu gestalten. Es gibt heute schon viele solcher Existenzen. Deren Kern ist eine Fertigexistenz, die auch an einem anderen Ort die gleiche bewährte Frucht hervorbringt. Du aber hast das Potenzial Deine eigene Existenz hervorzubringen und zu fördern. Du bist kein Klon, der einen vorgefertigten Weg gehen muss. Du bist einzigartig.


**Was können wir daraus lernen?**
Spezialisierung ist nichts weiter als eine Energiekonzentration auf die individuellen Stärken und Potenziale, die in uns stecken, in uns hineingelegt wurden. Und Du hast die Möglichkeit Dein Potenzial und Deine Stärken herauszukristallisieren, denn Du befasst Dich damit.


Viele Menschen haben oft das Gefühl, mit einer angezogenen Handbremse zu fahren, während um sie herum alles im Fluss zu sein scheint. Scheinbar mühelos meistern andere ihr Leben mit Erfolg. Das nötige Selbstvertrauen schwindet und die Handbremse zieht sich immer stärker fest.
Geht es auch Dir so? Vielleicht auch nur in einigen Lebensbereichen? Fühlst Du Dich nicht im Fluss? Möglicherweise hast Du Dich eben noch nicht ausreichend mit der Entfaltung Deiner Stärken und Fähigkeiten befasst. Die Säulen der Potenzialentfaltung stärken Dein Bewusstsein und lassen Dich erkennen, auf was Du Deine Energie konzentrieren solltest.

**Baue ein Bewusstsein für Dein eigenes Potenzial auf**
Du bist eine individuelle Kombination aus Fähigkeiten und Talenten, die durch Deine Persönlichkeitsaspekte geprägt sind. Du bist genauso einzigartig wie Dein Fingerabdruck. Deine *Mischung* gibt es nur ein einziges Mal und das musst Du Dir bewusst machen. Deine Anlagen sind wichtig und bedeutsam, denn sie machen Dich aus.

**Es gibt wichtige Fragen, die zeigen, wo Deine Fähigkeiten liegen.**

1. Wo sammelst Du Kraft und Energie? Was begeistert Dich?
2. Was macht Dich glücklich?
3. Welche Aufgaben löst Du mit Leichtigkeit, was fällt Dir ganz leicht?
4. Was machst Du gerne und wovon weißt Du, dass Du es sehr gut kannst?

Und auch hier kommt wieder der Aspekt der Geduld ins Spiel. Lass Dir Zeit. Schreibe alles auf einen Zettel und erstelle eine Art Brainstorming über Dich selbst, eine Mindmap: Wo liegen Deine Stärken? Wie nah liegen Dein Selbstbild und das Fremdbild beieinander?
Was zunächst oft müßig beginnt, wird sich mit der Zeit immer weiter füllen: Deine Mindmap über Deine Stärken. Oft nimmt man diese nämlich gar nicht so bewusst wahr. Einige Dinge werden einfach als leicht und natürlich hingenommen, weil diese für Dich ganz natürlich sind und Du ihnen gar keine weitere Beachtung schenkst. Doch Du wirst sie mit der Zeit als persönliche Stärke erkennen und schätzen lernen.

Prüfe, welche Eigenschaften sich wie ein roter Faden immer durch Dein Leben gezogen haben und markiere drei Deiner favorisierten Eigenschaften. Alle weiteren Fähigkeiten kannst Du nun unter diesen Fähigkeiten als Unterpunkte anordnen.

Wie sieht Deine Umwelt Dich? Frage Deine Familie und Deine Freunde, was ihnen an Dir auffällt. Was macht Dich aus deren Sicht aus? Was ist das Besondere an Dir? Was schätzen sie an Dir? Was teilen sie mit Dir? Was würde ein Fremder über Dich denken, wenn er dich zum ersten Mal sieht? Um welche Eigenschaften wirst Du beneidet? Nimm auch im Alltag Lob und Anerkennung einfach hin. Wir neigen alle dazu dieses schnell abzutun. Höre einmal ganz genau hin und prüfe dieses Feedback ganz bewusst und nimm es an.

**Überzeuge Dich!**
Du hast nun, wie auf einer Landkarte, eine ganz individuelle Legende aufgebaut. Kristallisiere Deine für Dich wichtigsten Potenziale heraus und denke über konkrete Beispiele nach:
Wann hast Du Situationen und Schwierigkeiten in Deinem Leben erfolgreich gemeistert? Welche Fähigkeiten haben Dir dabei geholfen und wie genau hast Du das gemacht?
Auf diese Weise lernst Du Dein Potenzial zu greifen. Du überzeugst Dich selbst und erkennst oft kleine Facetten, die einen entscheidenden Anteil getragen haben.

**Energetisiere Deine Stärken und fördere sie dadurch**
Du weißt nun um Deine Stärken, hast konkrete Beispiele, die Dir den Umfang Deines Potenzials aufzeigen. Nun musst Du diesen Stärken Energie geben. Das Geheimnis liegt in der Art, wie Du Deine Stärken selber wahrnimmst und innerlich spürst.

Du gibst Dingen Kraft und Energie, indem Du ihnen einen Raum zur Entfaltung bietest. Durch die Aufmerksamkeit, die Du ihnen schenkst, können Erlebnisse wachsen und nehmen einen immer größeren Stellenwert ein. Rufe Dir also eine Deiner Situationen ins Gedächtnis, die Dir besonders gut gefallen hat. Versetze Dich noch einmal in diese Situation, in der Du etwas geschafft und gemeistert hast und erlebe diese Situation ganz intensiv. Tauche in das Geschehen ein und lass das Bild in Dir wachsen und strahlen. Verstärke Dein Körpergefühl, gib dem Geschehen einen Ton, einen positiven Klang und genieße!

Du gibst diesem Erlebnis und Deinem Potenzial einen Raum, den sie einnehmen können. Es wird Dir bewusster und Du verstärkst damit die Fähigkeit. Stelle Dir Situationen vor, in denen Du diese Fähigkeit anwenden kannst oder in der Zukunft anwenden wirst. Stelle Dir diese Situation genau so intensiv vor, wie die bereits erlebte und tauche in das Gefühl ein. So wächst Dein Potenzial und kann aufblühen und leuchten.

**Setz Dir Ziele**
Du weißt bereits, dass eine kreative Kultur ohne Konkurrenzdenken auskommt. Es ist manchmal schwer, sich nicht mit anderen zu vergleichen. Erfolge anderer führen uns zum einen vor Augen, was Menschen erreichen können. Doch Vergleiche können auch sehr entmutigend sein. Lege Dein Augenmerk also auf Dich. Nimm Deine derzeitigen Fähigkeiten als Basis und vervollständige sie durch Dein derzeitiges Wissen. Der Fortschritt Deiner Fähigkeiten steht ab heute im Vordergrund. Du vergleichst Dich ab sofort nur noch mit einer Person: mit Dir selbst.

Ein Beispiel:
Wenn Du 1,74 cm groß bist und Dich mit einer größeren oder kleineren Person vergleichst, wirst Du davon auch nicht größer. Das Fazit: Es bringt nichts sich zu vergleichen, es macht nur krank. Alles was zählt für Dich bist Du!

**Hierzu sind vier Punkte erforderlich:**

- Definiere Dein Ziel, indem Du eine konkrete Fähigkeit auswählst. Welchen exakten Aspekt wirst Du in Zukunft fördern und optimieren?
- Wann kannst Du diese Fähigkeit einsetzen? Halte ganz bewusst Ausschau nach Situationen, die das Potenzial der Entfaltung dieser Fähigkeit besitzen. So lebst Du Deine Fähigkeit von Tag zu Tag mehr und immer aktiver.
- Vergleich Dich, um den Fortschritt zu erkennen. Du hast Deine Legende erstellt. Wie hast Du Dich verändert?
- Speichere erfolgreiche Erlebnisse und den damit verbundenen Erfolg und Fortschritt bewusst ab.

Durch diese Schritte wirst Du Deine Stärken systematisch aufblühen und wachsen lassen. Dein eigenes Potenzial steht im Mittelpunkt und Du erkennst welcher Kern in Dir steckt und förderst diesen. Du hast das Potenzial Deine eigene Existenz hervorzubringen, Dich zu spezialisieren und zu stärken.

- Definiere Dein Ziel: Welcher Aspekt / welche Fähigkeiten förderst Du?
- Wann wirst Du diese Fähigkeit einsetzen können? Gibt es konkrete Situationen, die Dir bereits jetzt bewusst sind?
- Erkennst Du den Fortschritt? Deine persönliche Veränderung? Vermerke diese.
- Speicher Deine Veränderungen ab. Erlebe Situationen erneut und gib Ihnen den Raum in Dir, den Sie verdienen.

**Es ist unsere Entscheidung, auf welchen Punkt wir unsere Energie konzentrieren**

Dieses Gesetz hat seine Auswirkungen, auch wenn viele Menschen nichts von der Existenz dieses Gesetzes wissen – aber es wird nicht vergehen, solange es diese Erde gibt.

Je mehr wir ins Zentrum der Dinge vorstoßen, umso automatischer gehen die Dinge vor sich und umso größer sind diese automatischen Auswirkungen. Das ist einfach so. Du hast Dich bereits damit befasst Dein Zentrum zu greifen, es zu erkennen und so hast Du den wichtigsten Schritt gewagt: Du konzentrierst Deine Energie auf den von Dir gewählten Punkt.

**Wir haben es versäumt, die richtigen Fragen zu stellen**
Wir sind alle mehr oder weniger mit dem Fernsehen groß geworden. Zwar ist die Programmstruktur unterschiedlich, aber die Zeitspanne zwischen den Werbespots (also für den sogenannten *Programminhalt*) liegt meist bei etwa acht Minuten. Das heißt, dass der Zuschauer im Allgemeinen nicht länger als acht Minuten bei der Sache bleiben kann, ehe seine Aufmerksamkeit wieder abgelenkt wird. Die Folge ist, dass unsere Konzentrationsspanne auf acht Minuten programmiert wurde und nur wenige können sich länger auf eine einzelne Sache konzentrieren.

Das Leben der Menschen wird durch *Reengineering, Entflechtung, Umstrukturierung* oder *Downsizing* nicht bereichert, denn dies alles dient kurzfristigen Zwecken, nicht langfristigen Zielen. Wir ernten gewissermaßen das Verhalten, das wir belohnen, und da wir auf kurze Zeiträume ausgerichtetes Verhalten so fürstlich belohnen, sollten wir uns nicht über die Früchte wundern, die es trägt.

Der wichtigste Aspekt dabei ist, dass diese kurzfristigen Perspektiven in dem Bedürfnis wurzeln, die Persönlichkeit und das Ego zu füttern – Gier und Macht – und dass das häufig in der Neigung zum Ausdruck kommt, die Gesellschaft auszubeuten, statt ihr zu dienen.

Wie ist es zu dieser Situation gekommen, und wie können wir sie meistern? Wir werden in diesem Buch viele Aspekte dieses Rätsels unter die Lupe nehmen und alle haben damit zu tun, dass wir uns auf Kosten der Seele auf die Persönlichkeit konzentriert und es versäumt haben, die richtigen Fragen zu stellen.


**Dem Glauben folgt die richtige Handlung**
Wenn es aber in einem Tätigkeitsbereich attraktive Ergebnisse gibt, Zeichen und Wunder, ein Leben im Überfluss und viel Freu-

de und Begeisterung, dann kommen die Menschen – auch ohne Werbung – von selbst.
Wenn wir nicht wirklich attraktiv sind, dann müssen wir den Menschen immer hinterher laufen. Wenn wir aber attraktiv sind, haben wir automatisch Anziehungskraft. Andere suchen unsere Nähe, weil sie wissen, dass wir etwas haben, das man mit Geld nicht kaufen kann. **Wir wissen, welcher Kern uns innewohnt.**

Wenn ich meine ganze Energie darauf konzentriere, zu erfassen, wer ich in Christus bin und was es heißt, dass der Herr über Himmel und Erde in mir lebt, wenn ich mich darauf konzentriere zu erfassen, was am Kreuz von Golgatha wirklich geschehen ist und was das für mich bedeutet, dann ist Glaube eine automatische Folge. Dem Glauben folgt automatisch die richtige Handlung.

Der Weg eines Pioniers ist voller Gefahren. Aber von wem gehen diese Gefahren aus – von anderen oder uns selbst?
Diese Frage lässt sich durch weiteres Nachfragen klären.

- Wer oder was verhindert eine Veränderung – Du selbst oder Dein Unternehmen?
- Dein Verstand oder Deine Seele?
- Welche Risiken würdest Du bereitwillig eingehen, um Deiner Seele mehr Raum zu geben?

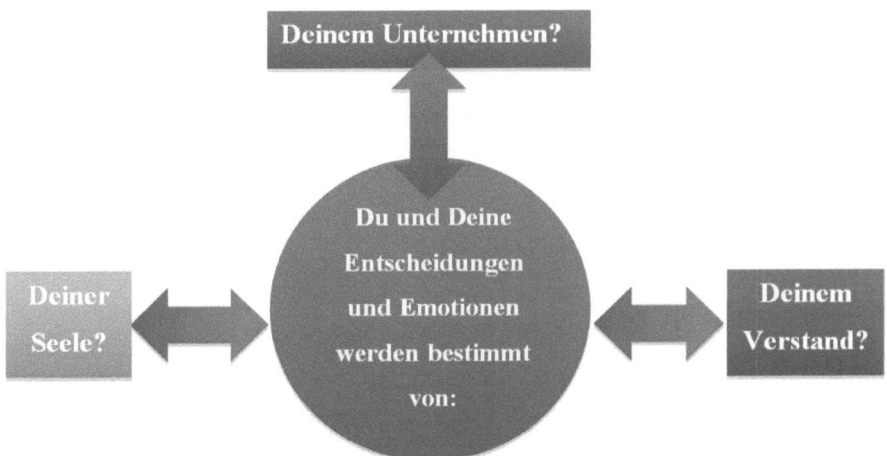

**Emotionsanalyse: Was sind Deine Gefühle und was erreicht Dich von anderen?**

Es ist wichtig, dass Du unterscheiden kannst, wann Du die Quelle der Gefühle bist und wann Du nur in andere Gefühle einsteigst. Hast Du die Entscheidung gefällt oder schwingst Du nur mit? Bist Du verliebt, oder spürst Du *nur* die Verliebtheit des anderen?

Nimm Dir für diesen Teil etwas Zeit. Du musst Dir Deiner emotionalen Energie bewusst werde. Wenn Du nun nicht auf jede der folgenden Fragen eine Antwort weißt, dann ist das nicht schlimm. Wenn Dir spontan keine Antwort einfällt, dann mach zunächst einfach weiter. Dein Bewusstsein hat dann an dieser Stelle keine Informationen, aber sei Dir sicher: Dein Unterbewusstsein hat die Frage schon beantwortet. Darauf kannst Du später eingehen und es wird Dir auch leichter fallen, da Du bereits im Prozess steckst.

Los geht's:

**Was nimmst Du von Dir selber wahr?**
- Wie gut bemerkst Du Deine Gefühle?
- Wie gut kennst Du Deine Emotionen?
- Welche Gefühle lässt Du nicht zu und unterdrückst sie?
- Welche Gefühle kannst Du sehr gut zulassen?
- Welche Gefühle vermisst Du?
- Welche Gefühle bringen Dich in Schwierigkeiten?
- Welche Gefühle sind mächtig oder gar zu mächtig?

**Wie gut kannst Du Deine Emotionen handhaben?**
- Wie gut beherrscht Du Deine Gefühle?
- Wie reagierst Du bei starken Gefühlen?
- Welchen Gefühlen fühlst Du Dich ausgeliefert?
- Welche Gefühle versuchst Du loszuwerden?
- Erholst Du Dich eher schnell oder langsam von unangenehmen Gefühlen?

**Wie gut kannst Du Deine Gefühle umsetzen?**
- Kannst Du mit Deinen Gefühlen fließen und Dich ihnen überlassen?
- Kannst Du Dich auf Deine Gefühle einlassen?
- Kannst Du Dich sehr gut beherrschen oder eher nicht?
- Kannst Du Dich auf ekstatische Gefühle einlassen?
- Lässt Du Dich schnell von Deinen Gefühlen mobilisieren?
- Kannst Du schnell Gefühle in den Dienst eines Ziels stellen?

**Wie gut kannst Du die Gefühle Deiner Mitmenschen wahrnehmen?**
- Wie gut kannst Du Dich von den Gefühlen anderer abgrenzen?
- Merkst Du schnell, dass es sich in emotional aufgeladenen Situationen nicht um Deine Gefühle handelt?

- Wie gut kannst Du die Gefühle anderer von Deinen unterscheiden?
- Wie gut kannst Du die Gefühle von anderen wahrnehmen, die nicht in Deiner unmittelbaren Nähe sind?

**Wie gut kannst Du Stimmungen wahrnehmen?**
- Wie gut kannst Du im Vorfeld wahrnehmen, ob etwas Bedrohliches auf Dich zukommt?
- Kannst Du äußere Bedrohungen eher gut oder eher schlecht, schnell oder langsam wahrnehmen?
- Wie gut kannst Du wahrnehmen, wenn etwas Gutes auf Dich zukommt?

# Wäre das Ziel diese Risiken wert?

Wer handelt, produziert Ergebnisse. Wenn Menschen Dir nachlaufen und Dich fragen, wie Du es gemacht hast, dass ... dann ist es einfach, es diesen Menschen zu erzählen und Antwort zu geben.

Eine natürliche Analogie:
Wenn die Kirschen, die ein Kirschbaum hervorbringt, nicht gut schmecken, dann wird auch der tollste Vierfarb-Prospekt der teuersten Werbeagentur die Menschen nicht dazu bewegen, die Nähe dieses Kirschbaums zu suchen. Wenn aber die Kirschen einzigartig gut schmecken und ein wahres Erlebnis sind, dann braucht der Kirschbaum keinen Vierfarb-Prospekt.
Und so ist es auch mit Dir. Aber es braucht Dich, um den Geschmack zu erfahren, Dich auf die Suche zu machen, nach Deinem Geschmack und Potenzial.

**Überwinderkraft**

Echte Visionäre haben nicht viele Visionen, sondern nur eine. Nicht diverse Visionen, das heißt nämlich *Division*. Und Division heißt *Spaltung*.
*Ein Herz, das in sich gespalten ist, geht zugrunde*, sagt schon die Bibel.
Nützt Deine Vision aber auch den Menschen (ist die Vision also attraktiv, interessant, problemlösend, begeisternd für Dich), dann ist Deine Zukunft gesichert und Du wirst ein begeistertes, attraktives und begeisterndes Leben führen.

Ja, es gibt verschiedene Bereiche einer Vision, aber es muss sich immer um ein und dieselbe Sache drehen. Die Vision muss alle Lebensbereiche umfassen und begeistern, sonst findet sie nicht statt beziehungsweise hat keinen Bestand.
Die Bibel sagt auch: *Ohne Vision geht das Volk zugrunde.*
Ein echter Visionär ist jemand, der an einer Sache noch festhält, auch wenn er der Einzige ist, der an die Realisierung glaubt. Das Feuer in seinem Herzen ist ihm wichtiger als die Meinung anderer Menschen. Dieses Feuer ist gottgegebene Power. Überwinderkraft.

Kennst Du die Geschichte des Schifffahrers Vasco da Gama? Er verbrannte nach der Entdeckung des Kontinentes sein Schiff. Warum? Er wollte, dass sich die Besatzung ganz und vollständig auf dem neuen Kontinent heimisch fühlte und sich diesen zu eigen machte, das hieß auch alles hinter sich zu lassen und damit Hintertürchen zu schließen. Der Hintergedanke *Wenn es mir nicht gefällt, kann ich wieder weg* bringt Dich nicht dazu das Beste aus Dir rauszuholen. Dieser Schifffahrer war Visionär einer Vision: Eroberung und Besiedlung des Kontinentes.

## Was ist mit all den Dingen, die man nicht so gerne mag?

Der Begriff *Liebe* wird für all das verwendet, was man mag und gern hat. Er ist eindeutig positiv besetzt. Dadurch wird er in der Umgangssprache aber ganz anders eingesetzt, als er in seinem Ursprung ist. Genau dies führt automatisch zu vielen Missverständnissen, denn hier wird immer nur die Sonnenseite der Liebe betrachtet.

Doch was ist mit all den Dingen, die man nicht so gerne mag? Sollte man die nicht auch lieben können?

### Auf die Seele hören

*Wahnsinn* ist als die Neigung definiert worden, immer wieder dasselbe zu tun, aber unterschiedliche Ergebnisse zu erwarten.

Wir bekommen die Ergebnisse, die dem Lohn entsprechen, also müssen wir den Lohn nicht nur nach den gewünschten Ergebnissen ausrichten, sondern vor allem nach den Bedürfnissen des Individuums, das ihn erhält. Dieser Lohn kann materieller oder nichtmaterieller Natur sein – die Wahl sollte beim Empfänger liegen.

In diesem Sinne sind der Mensch und insbesondere seine Seele unsere Kunden. Die Bedürfnisse dieser Seele müssen wir befriedigen, nicht allein den Verstand, der von ganz anderen Dingen beeinflusst wird, als unsere Seele.

Das Schöne daran ist – auch wenn es paradox klingt –, dass wir, wenn wir die seelischen Bedürfnisse der anderen befriedigen, auch unsere eigenen befriedigen. Die Seele hat andere Bedürfnisse als unser Verstand. Unserem Verstand geht es nämlich in erster Linie um Ruhm, Anerkennung und Lohn. Unsere Seele aber bedarf anderer Dinge und dazu benötigst Du Deine Seelenerforschung.

**Gebe ich tatsächlich mein Bestes?**

Die Seele ist dankbar für Führung, Anleitung oder fachliche Schulung, denn solche Zuwendungen bringen sie der angestrebten Würde näher.

Die Seele will *Ja* statt *Nein* sagen und empfindet die aus übermäßiger Regulierung resultierende Langeweile und Abstumpfung als entwürdigend. Langeweile ist mit das Schädlichste, was Du Deiner Seele antun kannst. Füttere sie mit Genusstraining. Auf die Seele zu hören heißt auch, die Zeit zu nutzen und sich jeden Augenblick selber zum Geschenk zu machen.

Ich verstehe, dass der Genuss im Alltag zu kurz kommen kann. Besonders dann, wenn Du Dich nicht bewusst daran erinnerst. Automatismen und Sachzwänge fordern ihren Tribut, Wohlbefinden und Genuss bleiben auf der Strecke.
Ein großer Fehler.
In der Hektik unserer Zeit hast vielleicht auch Du verlernt, oder gar nicht gelernt, Dir Genuss zu gönnen, und so konzentriert man sich schnell auf die negativen Seiten des Lebens. Aber Genuss ist alltäglich.
Hier hilft das *euthyme Erleben*. *Euthym* kommt aus dem Griechischen und beschäftigt sich damit, was Deiner Seele und Deinem Gemüt gut tut. Ich möchte Dir Anregungen geben, wie Du euthymes Verhalten in Deinen Alltag einfließen lassen kannst. Genuss ist ein sehr gutes Beispiel für ein Verhalten und Erleben, das Deine Seele füttert.

**Besiege den Stress mit positiver Energie**
Oft versäumt man, sich selber etwas Gutes zu tun. Besonders dann, wenn der Alltag stressig oder belastend wird. In diesen Momenten gibst Du Problemen den Raum zu wachsen. Sie treten in den Vordergrund und wachsen so lange, bis sie sogar übermächtig erscheinen.
In diesen Momenten musst Du Dir die positiven Aspekte im Leben bewusst machen, sie entdecken und wiederentdecken. Gib ihnen den Raum zu wachsen und zwinge die negativen Punkte in die Knie. Sie haben keinen Platz mehr. Negative Gedanken und Momente kannst Du durch positive Aspekte relativieren, da die positiven Aspekte ein Gegengewicht darstellen.

Mit einer rationalen Einstellung ist es einfacher Probleme zu bewältigen und Stress zu minimieren, denn aus den positiven Aspekten erwachsen Widerstandskräfte. Und ich spreche ganz bewusst von einer rationalen Einstellung und nicht von einer positiven Einstellung.

Im Leben gibt es eben Dinge, die sind nicht angenehm und die können eben auch negativ sein, aber wenn Du es rational betrachtest, gehst Du an diesen negativen Punkten nicht zugrunde. Du wirst eine negative Situation erkennen und annehmen und weißt: sie ist schlimm oder schlecht, aber Du gehst daran nicht zugrunde. Du akzeptierst sie und mit Akzeptanz bedauerst Du, doch bedauern ist kein ungesundes negatives Gefühl, Niedergeschlagenheit und Ärger sind ungesunde Probleme und mal ehrlich: Wer denkt schon positiv, wenn jemand gestorben ist oder man etwas Wertvolles verliert? Man kann die Situation aber annehmen – das geht mit der Aneignung rationaler Denkweisen und Strukturen. Bei rationalem Denken raubt man sich nicht die Energie, die man sich durch negatives Denken raubt. Negatives Denken führt zu ungesunden negativen Gefühlen und macht das Problem größer.

Was für Dich als Auslöser rationaler und damit anregender Gefühle gilt, ist individuell und sehr persönlich. Hast Du einmal die Reize und die genussvolle Wirkung einer angenehmen Stimulanz erlebt, kannst Du nach weiteren positiven Stimulanzien Ausschau halten. So lernst Du ganz bewusst negative Stimulanzien auszuschalten und mit positiver und anregender Energie den Stress zu besiegen.

**Wie lässt sich Genusstraining mit dem Alltag verbinden?**
Das alltägliche Genießen lässt sich natürlich in Deinen Alltag einbauen und sollte zu einer Selbstverständlichkeit werden. Hierzu zählt bereits, Dein Umfeld so zu gestalten, dass Du Dich wohlfühlst. Das gilt ebenso für Dein Zuhause, wie auch für Deinen

Arbeitsplatz und all die Orte, an denen Du Dich regelmäßig aufhältst. Schaffe eine angenehme Atmosphäre, in der Du Dich wohlfühlst. Hierbei können Kerzen, Pflanzen, Bilder und kleine Andenken helfen. Schön sind auch Ankersätze, zum Beispiel Mantras, die Dich daran erinnern, dass Du gut bist, so wie Du bist. In einer harmonischen Umgebung wird es Dir viel leichter fallen, Dich auf die positiven Aspekte des Tages zu besinnen.

Diese Nischen, in denen Du Dich wohlfühlst, müssen nicht immer real sein. Baue Dir einen imaginären Raum, in den Du Dich in ganz speziellen Situationen zurückziehen kannst. Stelle Dir einen Ort vor, an dem Du Dich wohlfühlst, der Dich beruhigt und Dir mit seiner positiven Aura Kraft schenkt. Durch Fantasiereisen wirst Du Deinen Geist beflügeln. Sie sind eine kleine Flucht aus dem Alltag, damit Du neue Kräfte sammeln kannst.

**Hier eine kleine Hilfestellung bei der Einrichtung dieses Raums:**
Nimm Dir 15 Minuten Zeit, in denen Du vollkommen ungestört bist. Nun entwickelst Du innerlich ein Bild von einem Ort, an dem Du Dich geborgen, wohl und absolut sicher fühlst.

Erinnerst Du Dich vielleicht an einen Ort, an dem Du schon einmal warst? Ein Ort, der eine ganz besondere Kraft auf Dich hatte und vielleicht sogar eine heilende Wirkung? Es kann aber auch ein Ort in deiner Fantasie sein, von dem Du vielleicht einmal gelesen, geträumt oder gehört hast. Deine Vorstellungskraft gibt Dir die Energie für so einen Raum. Diesen Raum kannst nur Du betreten und Du allein hast die Macht, hilfreiche Wesen eintreten zu lassen oder zu Hilfe zu rufen. Menschen sollten keinen Zutritt zu Deinem Raum haben.

Vielleicht spürst Du etwas, vielleicht siehst Du auch Bilder, vielleicht denkst Du zunächst auch nur an einen Ort. Lass ihn einfach

dort auftauchen, wo er kommt. Kommen Dir dabei negative Bilder, so lass sie vorbeiziehen wie eine Wolke und beachte sie nicht. Lass Dir Zeit bei der Suche nach Deinem Raum und sei Dir gewiss: Es gibt ihn, diesen Raum nur für Dich. Vielleicht gleich in Deiner Nähe, irgendwo auf der Welt oder in einem anderen Universum. Du wirst Dich dort vollkommen wohl und sicher fühlen. Richte Dir den Raum nach Deinen Wünschen ein und beschreibe ihn für Dich in Deinem Inneren.
Statte den Raum mit Deinem völligen Wohlbefinden und Deiner Sicherheit aus und lass Dich dort nieder. Spüre, wie Du Dich fühlst an diesem Ort, wie gut es Deinem Körper damit geht. Lass Dir Zeit. Was hörst Du? Was siehst Du? Was riechst Du? Was spürst Du auf Deiner Haut? Wie geht es Deiner Atmung? Wie geht es Deinen Muskeln? Wie ist die Temperatur? Nimm alles in Dich auf und spüre ganz genau, wie es ist, an diesem sicheren Ort zu sein. Bleibe noch einen Augenblick und spüre, wie gut es sich anfühlt. Das Wohlgefühl, die Sicherheit, die Geborgenheit.

Damit Du in Zukunft sehr schnell den Weg zu Deinem Ort findest und zurückkehren kannst, verabredest Du jetzt ein Zeichen mit Dir selbst. Mithilfe dieses Zeichens kannst Du sofort an diesen Ort zurückkehren; es wird Dein persönlicher Schlüssel – zum Beispiel eine Geste. Führe diese Geste jetzt aus und intensiviere dabei noch einmal die Vorstellung an Deinen Ort. Verknüpfe Deinen Ort mit dieser Geste. Immer, wenn Du in Zukunft diese Geste machst, gehst Du an diesen sicheren Ort und spürst ihn.
Spüre noch einmal, wie gut Dir dieser Ort tut, mit allen Sinnen und kehre dann bitte in den Raum zurück, in dem Du Dich gerade befindest.

Kraft bekommst Du, indem Du Dir selber Aufmerksamkeit schenkst. Höre auf Deinen Atem, gönn Dir etwas Gutes und spüre

Dich. Dein persönliches Verwöhnprogramm darf aus allem bestehen, was Dir Freude bereitet. Ein kleiner Spaziergang in der Mittagspause oder am Ende des Tages hilft vielen, ihre leeren Akkus wieder aufzuladen. Spreche dabei ganz bewusst alle Deine Sinne an. Konzentriere Dich zum Beispiel auf einem bekannten Weg auf ganz neue Aspekte. Entdecke ihn durch genaues Hinhören neu, spüre den Boden unter Deinen Füßen, auf dem sie sich sanft abrollen. Spüre den Wind auf der Haut, das Rascheln der Blätter, schaue bewusst auf die Farbe des Himmels …
Das Sehen kann man durch Formen und Farben anregen und das Schmecken dadurch, indem Du Deine Nahrung ganz bewusst aufnimmst und nicht einfach nur als Notwendigkeit betrachtest. Durch Arbeiten mit Naturmaterialien förderst Du den Genuss mit Deinem Tastsinn und Deinen Geruchssinn kannst Du in der Natur, auf Spaziergängen, mit Duftkerzen oder auch Blumen anregen. Besonders Düfte, die an Deine Kindheit oder positive Erlebnisse erinnern, tragen so zu Deiner Entspannung und Deinem Wohlbefinden bei.

Beginne zu genießen und Du wirst merken, dass mit diesem bewussten Ansprechen Deiner einzelnen Sinne positive Empfindungen geweckt werden. Sorgen, Ängste und Stress werden abgebaut und Deine Seele wird gepflegt. Du bist im Augenblick angekommen und verweilst nicht in der Vergangenheit, die du ohnehin nicht mehr ändern kannst, oder in der Zukunft, die du allein nicht schreibst, sondern Du bist im Hier und Jetzt und machst Dir den Augenblick zum Geschenk. Schenke Dir diese Augenblicke und schöpfe Kräfte, die auch Deine Mitmenschen mitreißen werden. Die Seele sehnt sich danach etwas tun zu dürfen und zu wissen, was getan werden kann. Denn wenn Du auf Deine Seele hörst, dann verstehst Du auch andere Seelen.

## Genießen lernen – Schritt-für-Schritt mit den 7 Grundregeln

1. Nimm Dir aktiv Zeit zum Genießen. Plane diese Zeit ein und lass Dich nicht ablenken.
2. Erlaube Dir zu genießen. Schränke Dich nicht selber ein, sondern nimm es als Seelenpflege.
3. Wenn Du genießt, dann konzentriere Dich auf den Genuss. Nimm ihn bewusst wahr. Spüre, höre, schmecke, taste und sehe genau hin und nehme diesen Moment ganz deutlich als Zeit zum Genuss nur für Dich an.
4. Was bereitet Dir Genuss? Was tut Dir ganz besonders gut und nach welchem Genuss fühlst Du Dich voller Kraft?
5. Versuche Reizüberflutung ganz bewusst zu vermeiden, denn in unserem Alltag leiden wir schnell darunter. Weniger ist mehr!
6. Trainiere Deine Genussfähigkeit, indem Du Dir regelmäßig Zeit dafür nimmst.
7. Integriere diese Genussfähigkeit in Deinen Alltag. Es wird Dir mit der Zeit immer leichter fallen.

## Unsere Antworten sind vom Verstand diktiert und wir vergessen Fragen zu stellen, die aus der Seele kommen

Menschen rufen überall nach mehr, nicht nach weniger Gefühl – nach stärkerer, nicht nach geringerer Berücksichtigung ihres Empfindens. Sie wollen, dass ihre Seele mit einbezogen, nicht ausgegrenzt wird.

**Wir haben uns auf Kosten der Seele auf die Persönlichkeit konzentriert**

Es gibt drei große Augenblicke im Leben von vielen Menschen:

1. Der Kauf eines Hauses.
2. Der Kauf eines Autos.
3. Der Kauf eines Fernsehers.

Unser Verstand sagt uns, dass uns diese Dinge (mindestens kurzfristig) glücklich machen. Doch das Leben der Menschen wird dadurch nicht bereichert, denn dies alles dient kurzfristigen Zwecken, nicht langfristigen Zielen.

Um diese langfristigen Ziele zu erreichen, brauchen wir die Seele. Nur aus unserer Seele entspringt langfristiges Glück. In der Psychologie spricht man auch von *heldenhaftem Verhalten*. Dieses wird nicht durch Dinge geleitet, die den Verstand beeinflussen. Wie Du bereits weißt, wird der Verstand durch Dinge wie Lohn, Anerkennung und Reichtum gesteuert. Diese Dinge geben Dir sicherlich kurzfristiges Glück, doch langfristig werden sie Dich nicht zufrieden machen oder Dir Glück bescheren. Die Seele hingegen gibt uns Klarheit, Orientierung, Kraft, Vitalität und Halt. Sie befriedigen wir mit der Konzentration auf uns selber. Erfahre Dich und Du wirst heldenhaftes Verhalten erfahren. Dies spiegelt sich in der Besinnung auf langfristige Ziele wieder.

Menschen mit heldenhaftem Verhalten verzichten auf kurzfristige Bereicherung. Ein Job der Ruhm, Anerkennung und ein höheres Gehalt verspricht, wirkt zum Beispiel kurzfristig gesehen oft sehr attraktiv. Das hohe Gehalt beschert Luxusgüter wie ein großes Auto, ein luxuriös eingerichtetes Haus und vielleicht sogar die Bewunderung anderer. Doch langfristig wird Dein Leben durch diese Dinge nicht bereichert. Wenn Du dich auf einen solchen Job einlässt, der Dir finanziell einiges bietet, doch die Zeit zum Leben raubt, die Du benötigst, um auf Deine Seele zu hören und Dein Leben zu genießen, verzichtest Du auf langfristig positive Ziele.

Ein weiteres Beispiel aus dem Alltag ist der Verzicht auf negative Genussmittel wie Zigaretten. Ein Raucher, der sein Laster ablegen will, leidet in dem Moment, in dem er auf die Zigarette verzichten muss. Sie hätte ihn kurzfristig sicherlich zufriedengestellt, doch zugunsten langfristiger positiver Ziele, wie dem Erhalt seiner Gesundheit, verzichtet er in diesem Moment auf dieses kurzfristige Ziel. Ein *heldenhaftes Verhalten*. Das trifft natürlich nicht auf einen Nichtraucher zu. Wenn dieser auf eine Zigarette verzichtet, dann ist dies für ihn schließlich eine Selbstverständlichkeit.

Konzentriere Dich auf die wirklich wichtigen Dinge im Leben. Handle heldenhaft und erreiche damit langfristiges Glück.

## Das Wichtigste aus Schlüssel 2:

Erkenne Deine Seele, höre auf sie und erkenne Dein wahres Ich. Mit den genannten Mitteln hast Du die Chance, Dein eigenes Potenzial zu erkennen und zu sehen, wer Du bist.
Auf diese Weise legst Du Deine Energie auf Dich. Konkurrenzdenken wird ausgeschaltet und Du kannst Dir Deine entscheidenden Fragen stellen:

- Wie kann ICH es noch besser machen?
- Wie kann ICH es anders machen?

Lerne auch Schwächen hinzunehmen und Dein Potenzial zu erkennen und zu fördern.

Lässt Du Dich von Deiner Seele leiten? Oder von Deinem Verstand, der nach Ruhm, Lob, Anerkennung und Luxus strebt? Deine Seele hat andere Bedürfnisse als Dein Verstand. Sie steht für DEINE Bedürfnisse, DEINE innere Zufriedenheit.
Die Seelenerforschung ist daher existenziell wichtig, um ein langfristig glückliches Leben zu führen. Füttere Deine Seele mit Genuss. Genuss ist alltäglich. Wir müssen ihn uns nur bewusst machen. Lass Dein heldenhaftes Verhalten wachsen und wenn Du aus Deiner Seele heraus lebst, wird – ganz automatisch – das passieren, was der zweite Schlüssel zum Glück und vollkommenen Leben ist: Anziehungskraft. Du wirst andere erkennen. Die Seele anderer. Und der Ausdruck für die Gesellschaft, der *Ausbeutung* ist, wird verschwinden. Du wirst der Gesellschaft dienen und eine ganz besondere Gabe besitzen.
Die Anziehungskraft, die daraus entsteht, produziert automatisch Ergebnisse.

**Meine Notizen zum zweiten Schlüssel:**

# SCHLÜSSEL 3: Hingabe

Wir sollten uns auf unserer lebenslangen Reise durch immer neue Wissensgebiete unaufhörlich weiterentwickeln, damit gewährleistet ist, dass wir auf diesem Planeten stets relevant bleiben.
Inhalt und Form unserer Kommunikation, sowie die Worte, die wir wählen, stellen die neue Alchemie unserer Zeit dar und bestimmen unser seelisches Befinden.

Die Seele strebt unaufhörlich nach Freiheit und gibt die Hoffnung niemals auf, sie eines Tages zu erlangen. Der amerikanische Psychologe Abraham Maslow beschreibt dies als *Wachstumsbedürfnis*. Die Selbstentfaltung und die Seelenarbeit sind ein voranschreitender Prozess, den wir nicht missachten dürfen.
Wir schaffen mit unserer Arbeit nichts Bleibendes, wenn man einmal von ihrer Bedeutung für die Seele absieht.
Es beunruhigt die Menschen, wenn wir unseren Worten keine Taten folgen lassen. Ich habe schon viele Programme scheitern sehen, weil Text und Musik nicht zusammengepasst haben.

Normalerweise fühlt man sich stark und hellwach, hat alles spielend im Griff, ist unbefangen und auf dem Gipfel der Leistungsfähigkeit.
Wir müssen uns gegenseitig die Möglichkeit geben, neue Wege auszuprobieren und niemandem darf ein Nachteil daraus erwachsen, dass er einmal einen Fehler macht und von Außenstehenden kritisiert wird, während er sein persönliches Wachstum, wie unbeholfen auch immer, vorantreibt. Fehler zu machen bedeutet ja gerade Wachstum. Wir machen so Schwächen zu Stärken.

Die Menschen möchten einen spirituellen Weg einschlagen, nur können sie ihre Wünsche häufig nicht artikulieren. Sie haben dieselben Ängste wie wir, brauchen ebenso Hoffnung wie wir, können ihre Gefühle aber nicht in Worte fassen. Auch das müssen wir sie lehren. Ihr Problem ist, dass sie den Sinn noch nicht verstanden haben oder nicht in der Lage waren, einen Sinn zu erkennen.

Wenn wir ein Programm für die spirituelle Erneuerung entwickeln, bei der nicht die Belohnung der Persönlichkeit im Mittelpunkt steht, sondern eine Ethik, die unsere Seele beflügelt, gehen wir ein hohes Risiko ein. Wir müssen uns klar darüber sein – auch wenn wir das anderen nicht immer vermitteln können –, dass wir Pioniere sind, Menschen die sich das Ziel gesteckt haben, die Welt zu verbessern.

*Ein Kleingeist ist ein Mensch, der aufgehört hat zu wachsen.* Wir sind dazu bestimmt, eine höhere Ebene zu erklimmen, denn nur dort wachsen der Seele Flügel. Stoße vor in vielleicht fremdartige Gebiete Deines Seins. Schaue über den Tellerrand hinaus und nimm nicht alles, was Du einmal gehört oder gesehen hast, als gegeben hin. Entwickle Dich und Deine Seele.

Ohne Kreativität ist unser Leben, wie auch unsere Arbeit, bedeutungslos. Dein Leben ist ohne Sinn bedeutungslos. Ich möchte Dir an dieser Stelle die Geschichte von Sisyphos erzählen. Vielleicht kennst Du sie bereits. Doch hast Du auch den Hintergrund erkannt? Bekannt geworden ist Sisyphos durch die Strafe, die er erhielt und aus der der Begriff *Sisyphosarbeit* entstand.
Sisyphos galt in der griechischen Mythologie als besonders schlau und der verschlagenste aller Menschen. Indem er dem Flussgott Asopos verriet, dass Zeus dessen Tochter Aigina entführt habe,

zog er den Zorn Zeus´ auf sich. Als Strafe musste Sisyphos einen Felsblock einen steilen Hang hinaufrollen, immer und immer wieder. Oben angekommen rollte der Stein wieder hinab. Eine niemals endende Aufgabe.

Doch genau hier erfahren wir die Moral: Sisyphos bekam eine strafende Aufgabe, die es zu bewältigen galt; eine niemals endende Strafe, grausam und sinnlos – zunächst. Denn anstatt aufzugeben und sich geschlagen zu geben, gab er der Qual einen Sinn. So brach er unter seiner Strafe nicht zusammen, sondern er führte diese hingebungsvoll durch und gab seinem Leben einen Sinn. Damit hatten die Götter nicht gerechnet.

Es gilt für Dich festzustellen, welche Aufgabe Du hast und welche Bedürfnisse dabei vorhanden sind. Diese Bedürfnisse gilt es zu befriedigen, einen Sinn darin zu erkennen und dann stellt sich automatisch etwas ein:

Du wirst feststellen, welche Bedürfnisse die Menschen haben, und diese Bedürfnisse mit Hingabe befriedigen. Es gilt nicht immer nur zu träumen. Träume sind wichtig. Doch es geht eben auch darum, den Dingen einen Sinn zu geben. Ohne einen Sinn ist unsere Arbeit bedeutungslos. Ohne einen Sinn ist unser Leben bedeutungslos. Gibst Du den Dingen einen Sinn, wird sich alles zusammenfügen.

## Lehre mit täglicher Meditation

Die innere Stimme wird auch *Bauchgefühl* oder *Intuition* genannt. Intuition ist die Schnittmenge zwischen unserem Verstand und unserem Gefühl und gleichzeitig der Zugang zu unserer Seele.

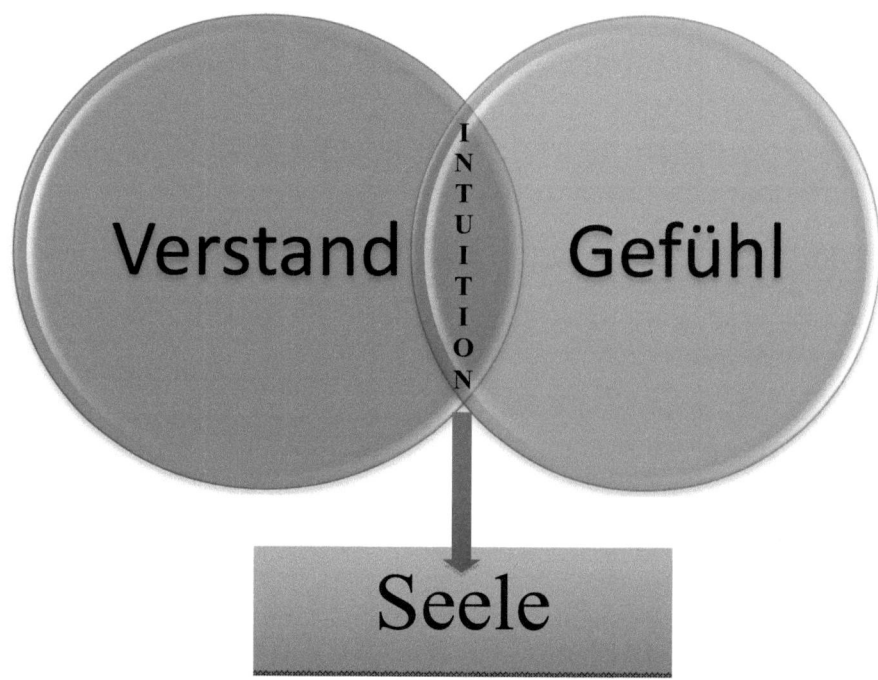

Wir haben den Zugang zu unserem intuitiven Wissen verloren. Unsere Gesellschaft leidet unter einer negativen Ausprägung. Die neuesten Managementmethoden zielen auf die klare Ausbildung des Verstands ab. Auf diese Weise wird unsere Intuition stark eingeschränkt und der Zugang zur Seele verschlossen.

Die Intuition tritt unter optimalen Bedingungen vor allem dann in Erscheinung, wenn es darum geht, eine Entscheidung zu treffen oder Probleme zu lösen. Sie ist wie ein Geistesblitz oder eine plötzliche Eingebung. Sie spricht jedoch sehr leise zu uns, gerade dann, wenn wir eine starke Ausbildung des Verstandes *oder* des Gefühls haben, weshalb es uns schwerfällt, sie überhaupt zu hören oder wahrzunehmen.

Oft wird sie durch den inneren Dialog, den jeder von uns tagtäglich führt, übertönt. Dieser Dialog ist gespickt mit erlernten Glaubenssätzen wie *sei stark, zeig keine Gefühle, wahre immer dein Gesicht, im Leben zählt nur Leistung,* die uns von außen, das heißt von unseren Eltern, Lehrern, Freunden und anderen Personen, die wir als wichtige Informationsquelle betrachten, eingeflößt wurden.

Diese Glaubenssätze formen maßgeblich unser eigenes Denken, wodurch unsere ursprüngliche innere Stimme behindert und schließlich ausgeblendet wird. Sie wurden uns zum Teil mit der Muttermilch eingetrichtert und wir überprüfen diese Glaubenssätze nicht. Das Fatale ist, dass wir sie übernehmen, obschon wir vielleicht gar nicht dahinterstehen und sie uns nicht guttun.

Du kannst Deine Intuition ganz gezielt durch Achtsamkeitsübungen schärfen.

## 30-Tage-Lehre mit täglicher Meditation und Achtsamkeit

Was bringt es, wenn man Zugang zur inneren Stimme hat? Nun … Du wirst die Erfahrungen des Hier und Jetzt mit Akzeptanz und klarer Offenheit annehmen können. Erwartungen an Dich kannst Du fallen lassen und Gedanken und Gefühle, ob positiv oder negativ, annehmen. So lernst Du diese mit innerem Abstand zu betrachten und das Pendel zwischen Verstand und Gefühl wieder in Gleichklang zu bringen. Achtsamkeit ist der Schlüssel zu unserem intuitiven Wissen.

**Beobachte Dich mit Achtsamkeit, anstatt gegen etwas zu kämpfen; trete in einen Waffenstillstand mit dir selbst**
Damit Du Dich von Deinem Stress loslösen kannst und eine Form der Entspannung eintreten kann, musst Du aufhören, Stress-Gedanken loswerden zu wollen. Du hast bereits gelernt, dass Du den Dingen, denen Du Aufmerksamkeit schenkst, Raum zum Wachsen gibst. Bekämpfst Du etwas, wächst es umso stärker in Dir. Beobachte stattdessen offen Deine Gedanken und Gefühle und spüre, dass diese Wahrnehmungen kommen und gehen, wie eine Wolke am Himmel.
Gewinne Abstand zu Deinen Emotionen und Gedanken. Verstehe mich nicht falsch: Es geht nicht darum, Deine Emotionen und Gedanken zu verdrängen, zu verleugnen oder gar zu bekämpfen. Es geht darum, dass Du die Kontrolle zurückgewinnst und Distanz zu Deiner inneren Welt bekommst, um diese von oben zu betrachten. Wenn Du achtsam durch Dein Leben gehst und diese Übungen verinnerlichst, wirst Du Dich vor Stress besser schützen können und Deine Intuition rückt an den Platz, der Dir den Weg zu Deiner Seele ebnet.

Wie Du Dich diesem Ziel näherst, beschreibe ich in den folgenden Teilen der Achtsamkeitsübungen.

> Bei der ersten Achtsamkeitsübung handelt es sich um eine sehr einfache Übung im Gehen. Du wirst lernen, achtsam zu laufen. Das Gehen stellt einen täglichen Bestandteil unseres Tages dar. Normalerweise schenkst Du ihm sicherlich keinerlei Aufmerksamkeit, ein Automatismus, den Du einfach ausführst. Erst dann, wenn wir eingeschränkt sind, zum Beispiel durch einen Beinbruch oder nach einer schweren Krankheit, bemerken wir, dass das alltägliche Gehen gar nicht so simpel ist und eigentlich einen sehr komplizierten Vorgang darstellt.

Auch wenn es Dir zunächst merkwürdig erscheint, Deine Achtsamkeit auf Dein Gehen zu lenken, wirst Du schnell merken, dass achtsames Gehen enorm hilfreich ist, um Stress abzubauen und Deinen Geist zur Ruhe zu bringen.

Die Übung kannst Du überall durchführen: zu Hause, in der Mittagspause, im Park, auf dem Nachhauseweg. Nimm Dir eine klare Route vor und gehe ganz langsam. Konzentriere Dich darauf wie Du atmest, wie die Luft in Deinen Körper strömt und ihn wieder verlässt. Nun legst Du Deinen Fokus auf den Takt Deiner Schritte. Spüre, wie sich Dein Körper anfühlt, mit jedem Schritt.

Du wirst zu Beginn häufig merken, wie Dein Geist abwandert. Bringe ihn wieder sanft zurück zu Deinem Atem und dem Takt Deiner Schritte. Wie berühren die Füße den Boden? Spüre Deine Fußflächen, wie sie sich über dem Boden abrollen. Gehe insgesamt zehn Minuten achtsam und konzentriere Dich dabei nur auf Dich.

- Die Atemmeditation ist eine relativ einfache Achtsamkeitsübung, die bei regelmäßiger Übung sehr effektiv ist und daher zu den wichtigsten Übungen gehört. Es geht hierbei darum, Deinen Fokus auf den Atem zu legen und damit mehr Konzentration in Dein Leben zu bringen. Mit der Zeit wirst Du Deine Konzentration immer länger auf den Atem legen können und damit auch im Alltag viel achtsamer werden.

Suche Dir einen Ort, an dem Du mindestens fünf bis zehn Minuten absolut ungestört sein kannst. Suche Dir eine bequeme Position – es ist egal, ob Du Dich auf einen Stuhl oder auf den Boden setzt oder gar hinlegst. Probiere aus, was für Dich am bequemsten ist.

Schließe Deine Augen und verfolge den Rhythmus Deines Atems. Fühle, wie die Luft in Deinen Körper strömt und suche

Dir eine Körperstelle, an der Du dies auch fühlst. Dies kann zum Beispiel die Innenseite Deiner Nasenflügel sein, an denen die Luft beim Ein- und Ausströmen vorbeifließt. Du kannst auch Deine Handfläche auf Deine Bauchdecke legen und spüren, wie sie sich im Atemrhythmus hebt und senkt. Lasse den Atem dabei einfach geschehen, ohne ihn zu beeinflussen.

Wandern Deine Gedanken ab, so lenke sie ganz sanft wieder auf den Rhythmus Deines Atems. Dieser Teil ist ein entscheidender Punkt der gesamten Übung. Lass Dich nicht einwickeln von anderen Gedanken, sondern führe Dich immer wieder zum Wesentlichen zurück: Deiner Atmung. Du wirst Dich immer weiter von Deinen Gedanken distanzieren und diese Fähigkeiten ausbauen und stärken.

Führe diese Übung mindestens zehn Minuten lang durch. Nach Ablauf Deiner persönlichen Zeit (es dürfen gerne mehr als zehn Minuten sein) öffnest Du langsam Deine Augen und atmest tief durch. Lasse Deinen Blick durch den Raum oder Deine Umgebung streifen. Erfahre die reine Beobachtung und kehre langsam wieder zurück.

- Nun möchte ich Dir den zentralen Bereich der Achtsamkeitspraxis vorstellen: das *distanzierte Beobachten*. Ich habe Dir bereits beschrieben, dass das Beobachten der eigenen Gedanken, ohne sich in ihnen zu verwickeln, ein ganz zentrales Element ist. Das wird natürlich nicht sofort gelingen, doch mit der Zeit wird es Dir immer leichter fallen.

  Es gibt verschiedene Möglichkeiten, um diese Achtsamkeitsübung umzusetzen. Ich persönlich bevorzuge den *Achtsamkeitszug*. Wiederholst Du diese Übung immer wieder, wirst Du erkennen, wie flüchtig Gedanken sind. Sie gehen vorbei und haben nicht mehr die Macht zu quälen oder Dich länger zu beschäftigen. Du lernst so, Gedanken zu relativieren, ohne sie zu verdrängen.

Suche Dir wieder einen ruhigen Ort. Setze oder lege Dich hin, sodass es für Dich bequem ist. Wenn Du sitzt, so kreuze Deine Beine im Schneidersitz. Für alle Yogis: statt Schneidersitz *halber* oder *ganzer Lotus*.

Entspanne Dich ganz bewusst. Schließe Deine Augen oder fixiere einen Punkt, je nachdem, wie es für Dich angenehmer ist. Deine Hände liegen ruhig in Deinem Schoß oder auf der Unterlage. Atme ganz ruhig in Deinen Bauch und lasse Verspannungen nach und nach los. Konzentriere Dich auf Deinen Atem, indem Du langsam von eins bis zehn mitzählst, wie er gleichmäßig ein- und ausströmt.

Zu Beginn werden kleine störende Gedanken Dich schnell einholen. Das ist ganz normal. Mit der Zeit werden Gedanken wie *Oh, ich bin entspannt!*, *Mache ich das hier richtig?*, *Was machen eigentlich gerade die Kinder?*, *Ich muss beim Einkaufen an Milch denken!* nicht mehr auftauchen. Dies wird mit jeder Übung besser. Lass Dich aber nicht von Deinem Ziel, der Entspannung abbringen.

Dieses Gedanken-Karussell ist ganz normal. Das Ziel der Achtsamkeitsmeditation ist es, sich von den eigenen Gedanken zu distanzieren. Bekämpfe sie nicht und schaffe sie nicht ab. Stell Dir einen Güterzug vor, wie er langsam fährt. Jeden vorbeifahrenden Güterwaggon bestückst Du mit einem Deiner Gedanken und lässt ihn langsam vorbeifahren. Taucht wieder ein neuer Gedanke auf, legst Du ihn erneut in einen Güterzug. Diese Übung machst Du täglich fünf bis zehn Minuten.

Du wirst sehen, dass Du nach und nach lernst, die Anspannung und Gedanken immer leichter vorbeifahren zu lassen.

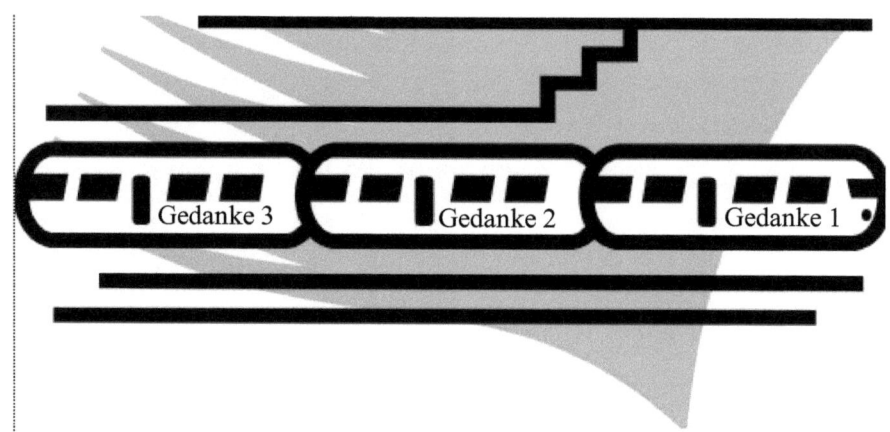

- Die nächste Achtsamkeitsübung, um den Weg zu Deiner Intuition wiederzufinden, findet beim Autofahren statt. Du wirst jetzt vermutlich denken, dass ich zu mehr Rücksicht im Straßenverkehr mahnen will. Doch es geht um etwas anderes.
Wie viel Zeit verbringst Du täglich im Auto? Auf dem Weg zur Arbeit, zum Einkaufen, Deine Kinder abzuholen etc.? Diese Zeit kannst Du fantastisch nutzen, um eine Achtsamkeitsmeditation zu machen. Das Ziel ist es, entspannt und gelassen an Deinem Ziel anzukommen.
Richte zunächst Deinen Autositz neu aus. Sitzt Du wirklich bequem? Kannst Du alle Instrumente ohne Verkrampfung bedienen und das Lenkrad ohne Anstrengung einfach erreichen?
Bei Deiner ersten Meditationsfahrt legst Du zu Beginn eine Entspannungsmusik ein und atmest tief ein und aus. Nun fährst Du los. Sitze gerade und lasse Deine Schultern locker. Fahre heute doch einmal einen anderen Weg zur Arbeit und beobachte Deine Umgebung ganz bewusst.
Ob Stadt oder Land: mit der nötigen Aufmerksamkeit wirst Du viel Neues entdecken. Schleichen sich wieder andere Gedanken ein, wie der Stress im Büro oder welche Arbeit zu Hause

auf Dich wartet, so kehre ganz bewusst wieder zu Deinem eigentlichen Fokus zurück. Nimm andere Fahrzeuge, Menschen auf der Straße, Schilder und Häuser ganz bewusst wahr und schenke ihnen bewusst Deine Aufmerksamkeit. Stell Dir vor, Du hast das Dorf oder die Landschaft, durch die Du fährst, noch nie zuvor gesehen. Erlebe Deine Umgebung vollkommen neu und lass die Eindrücke auf Dich wirken.

- Bei dieser Achtsamkeitsübung geht es darum, Abstand zu akutem Stress und Sorgen zu gewinnen. Du weißt bereits, dass der meiste Stress, den wir haben, durch die Macht unserer Gedanken und Sorgen beeinflusst wird. Diese Gedankenschleifen lassen sich, gerade in akuten Stresssituationen, nur schwer abschalten. Damit es Dir gelingt, eine solche Gedankenspirale so schnell es geht zu unterbrechen, musst Du raus aus der Schleife. Ich unterteile diese Übung in zwei Bereiche. Das wird Dir helfen, Deinen akuten Stress sofort zu minimieren.

**Teil 1:**
Suche Dir einen ruhigen Platz. Setze Dich hin oder stehe, ganz wie es gerade passt. Nun betrachtest Du einmal ganz bewusst Deine Außenwelt. Schau Dich um und zähle die Gegenstände in Deiner Umgebung. Zähle in Deinem Geist zehn Dinge auf, die Du gerade in diesem Moment sehen kannst. Schule Deine Ohren: Was kannst Du hören? Welche Stimmen und Geräusche nimmst Du gerade wahr? Konzentriere Dich ganz bewusst darauf und zähle zehn Dinge auf, die Du gerade hören kannst. Nun spürst Du Deinen Kontakt zur Umwelt. Wie fühlt sich die Kleidung an, die Du gerade trägst? Ist Deine Sitzunterlage fest oder weich? Spürst Du einen Luftzug durch das gekippte Fenster? Zähle nun zehn Dinge auf, die Du gerade spürst.

**Teil 2:**
Beginne nun tief und entspannt zu atmen. Nutze Deine Uhr dazu. Atme in einer Minute zunächst sechs- bis achtmal ein und aus. Dies machst Du drei Minuten lang. Nun richtest Du Deine Konzentration wieder nach außen.
Was siehst Du? Was hörst Du? Was spürst Du? Zähle jeweils fünf Dinge auf.
Im nächsten Schritt besinnst Du Dich wieder auf Deine Atmung. Atme so tief ein und aus, dass Du pro Minute nur noch vier bis sechs Atemzüge benötigst. Lege nach jedem Ein- und Ausatmen eine kleine Pause ein. Setz Dich hierbei nicht unter Druck und halte nicht zwanghaft die Luft an, sondern atme trotz der kleinen Pausen entspannt weiter ein und aus – jeweils im Zehn- bis Fünfzehnsekundentakt.
Nach dieser kleinen Verschnaufpause sollte Dein Stress schon viel geringer sein. Strecke Dich nun, Deine Arme, Deine Beine, Deine Füße, Hände und Deinen Körper – und lächle. Hebe dabei Deinen Kopf etwas an und widme Dich Deiner Arbeit nun ruhiger und mit mehr Achtsamkeit.

- Achtsamkeitsübungen werden durch regelmäßige Wiederholung verstärkt und werden Dir immer leichter fallen. Damit diese Achtsamkeitsübungen nicht in Stress ausarten, versuche ich sie immer in die alltäglichen Situationen des Lebens einzubinden. So auch bei dieser Übung, in der es um achtsames Essen geht. Diese Achtsamkeitsübung kannst Du mit jeder Form von Nahrung durchführen. Bei mir geht es jetzt um eine Kirsche.
Nimm die Kirsche in die Hand und betrachte sie. Welche Form hat sie? Wie sieht sie aus und wie fühlt sie sich an? Kannst Du sie riechen? Ihr süßes Aroma? Spüre mit den Fingerkuppen ihre glatte glänzende Haut. Konzentriere Dich ausschließlich auf diese Kirsche.

Nun steckst Du sie in den Mund. Ertaste die Kirsche mit Deiner Zunge. Wie fühlt sie sich an? Schmeckst Du sie bereits? Beginne zu kauen. Kaue ganz langsam, ungefähr zwanzig- bis dreißigmal. Spüre, wie der Saft der Kirsche sich in Deinem Mund verteilt. Bleibe ganz bei der Kirsche und stelle mit jedem Kauen die Veränderungen in Deinem Mund fest.

Die Übung mag Dir zunächst ungewöhnlich erscheinen, doch Du solltest sie mit jedem Essen durchführen. Sie hilft Dir dabei, im Hier und Jetzt anzukommen, Deine Sinne zu schärfen und das Gefühl des Jetzt-hier-Seins in Deinen Alltag zu integrieren. Diese Übung hat das Potenzial, Deinen Stresspegel nach und nach zu reduzieren.

Versuche diese Achtsamkeitsübungen in die verschiedenen Bereiche Deines täglichen Lebens einzubauen. Wenn Du damit beginnst Deine Gedanken, Wahrnehmungen und Emotionen bewusst an- und zur Kenntnis zu nehmen, dann kannst Du diese *etikettieren*. Du wirst bestimmen können, ob eine Erfahrung positiv, negativ oder neutral ist. Du wirst direkt unterscheiden können: *Dies ist ein Gedanke. – Dies ist ein Gefühl. – Dies ist ein gewohntes Denkmuster von mir.*

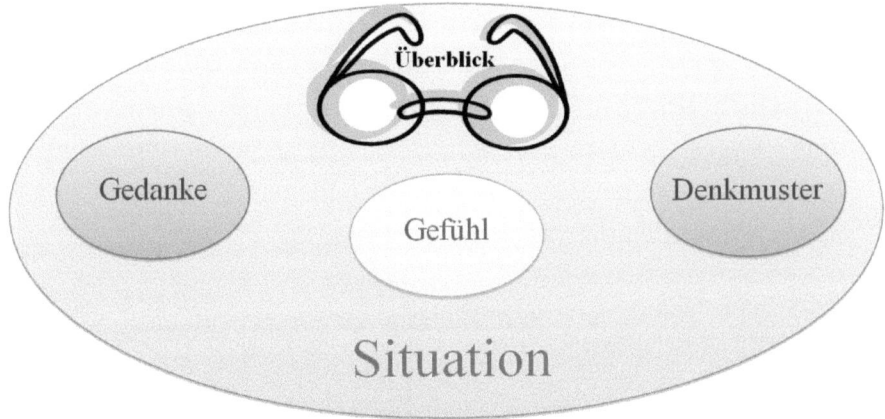

Auf diese Weise wird Deine Wahrnehmung bewusster und sie hilft Dir, Situationen aus der Distanz zu betrachten und damit ein Gleichgewicht herzustellen, das Deiner Intuition Raum zur Entfaltung bietet und Dir damit den Schlüssel zur Seele freigibt.

Die Intuition ist ein sehr nützliches Werkzeug, wenn es darum geht, Entscheidungen zu treffen. Aber nicht nur das, denn Du kannst alle Lebensbereiche abfragen, wie beispielsweise Beruf, Partnerschaft, Gesundheit, Lebenssinn, Finanzen etc.:

- **Beruf:** Was ist meine Berufung? Was sind meine ungeahnten Talente und Fähigkeiten? Was bringt mir wirklich Freude im Beruf? Wie ziehe ich noch mehr Kunden an, die meine Arbeit schätzen? Was muss ich wissen, um in meinem Beruf noch erfolgreicher zu werden?
- **Partnerschaft:** Den optimalen Partner finden und eine glückliche und zufriedene Beziehung leben. Was muss ich wissen, um eine Beziehungsblockade zu lösen? Die bestehenden Beziehungen zu Partnern, Kindern, Eltern, Freunden verbessern.
- **Finanzen:** Was muss ich wissen, um meine Finanzsituation zu verbessern? Die Intuition liefert einem konkrete Umsetzungsmöglichkeiten: vom Erfinden über Investitionen bis zum Erkennen, welche Muster einen hindern Geld anzuziehen.
- **Gesundheit:** Gesundheit wäre der natürliche Zustand im Leben. Angesichts von Problemen oder Krankheiten lernst Du zu verstehen, welche Bedeutung diese haben und wie Du Deinen Gesundheitszustand verbessern kannst.

Nachdem Du einen besseren Zugang zu Deiner inneren Stimme erhalten und gelernt hast ihre Signale richtig zu deuten, wird es Dir immer leichter fallen, die richtigen Entscheidungen zu treffen. Du wirst schneller und einfacher Antworten auf Fragen in allen Lebensbereichen erhalten und blitzschnell Lösungen für Probleme finden. Dadurch vermeidest Du Irrwege, da Du unnötige Fehler im Voraus entdeckst und somit ausschließen kannst.

Jeder Mensch ist eine wunderbare Schatzkiste. Tägliche Meditation und Achtsamkeit hilft, sich selbst zu entdecken und sich selbstständig mit diesem Schatz auseinanderzusetzen.

Ich möchte Dir neben den Achtsamkeitsübungen auch eine einfache Methode zur Meditation an die Hand geben. Du solltest es ausprobieren.

Oft höre ich, dass Meditation schwierig sei. Mit meiner kleinen Anleitung wirst Du einen schnellen Einstieg finden, der Dich täglich auf dem Weg zu Dir selbst und zu Deinem Schatz führen wird:

1. In die Ruhe kommen und ganz gezielt entspannen, Muskelpartie für Muskelpartie (Stress abbauen).
2. Stell Dir eine ganz gezielte Frage, was Du wissen möchtest.
3. Konzentriere Dich auf Deine Atmung, damit Dein Verstand zur Ruhe kommt. Atme ein, atme aus, atme wieder ein und wieder aus.
4. Führe diesen Prozess solange fort, bis Du ein leichtes Kribbeln im Körper spürst. Danach werden die festen Grenzen Deines Körpers beginnen sich aufzulösen, bis sich alles ein bisschen taub anfühlt.
5. Wenn sich dieses Gefühl einstellt und Du vielleicht nicht einmal mehr den Stuhl unter Deinem Gesäß wahrnimmst, empfängst du Informationen. Dies geschieht in Form von inneren Bildern und Gefühlsinformationen. Gehe ganz in Dich hinein. Spüre, was Du empfindest.

6. Kehre wieder zurück und resümiere, was soeben geschehen ist. Welche Emotionen und Gefühle haben Dich in der Zeit ereilt? Werte die gewonnenen Informationen aus und setze sie im Alltag um.

Um einen Zugang zu Dir selbst zu finden, zu sehen, was Dich beschäftigt, was Du wirklich willst und vielleicht auch unterbewusst blockiert, hilft es, die *Wunder-Frage* zu stellen:

**Wenn über Nacht ein Wunder passiert, was wäre anders, wenn Du am Morgen aufwachst?**
Neben wem wirst Du liegen? Wer ist an Deiner Seite? Welchen Job wirst Du haben? Wie wird Dein Tagesablauf aussehen? Wie wirst Du sein? Wie wirst du dich fühlen? Wo wirst du sein? Was sind deine Hobbys und Leidenschaften? Wer sind deine Freunde?
All diese Fragen lassen sich wieder auf die bereits beschriebenen Lebensbereiche beziehen: Beruf, Partnerschaft, Finanzen, Gesundheit. Sie dienen Deiner täglichen Meditation und lassen Dich erkennen, wo Du stehst.

**Mit einer täglichen Meditation erreichst Du viele Ziele:**

- Du lernst Ängste oder emotionale Blockaden erkennen und diese erfolgsverhindernden Muster zu lösen.
- Du kannst Stress abbauen und zu Ruhe und Gelassenheit kommen.
- Du kannst Ziele und Visionen, die Dich glücklich machen, herausfinden und erreichen.
- Du kannst aktuelle Herausforderungen wie Probleme oder zwischenmenschliche Konflikte verstehen und verändern.

- Du kannst den natürlichen Zustand des Selbstvertrauens und der inneren Sicherheit zurückgewinnen. Dadurch wächst die Selbstakzeptanz und Du gehst mit Gelassenheit und Vertrauen durchs Leben.
- Das Unbewusste liefert Dir als innerer Coach klare Feedbacks über Deine eigenen Erfolgsprogrammierungen.

Möchtest Du in Deiner Persönlichkeitsentwicklung weiterkommen und Dich entfalten, dann beginne sofort mit der Umsetzung und übe Dich täglich über einen Zeitraum von 30 Tagen in täglicher Meditation.

Nach Ablauf dieses Zeitraums trägst Du die Fähigkeit in Dir, Deine innere Stimme auf Knopfdruck abrufen zu können, um damit schnell und effizient gute und richtige Entscheidungen zu treffen.

Du musst es nur wieder lernen! Und dafür musst Du Dir Zeit nehmen. Nimm Dir täglich mindestens 15 Minuten. Und frage Dich nicht erst am Ende des Kapitels: *Wann mache ich das?* Frage Dich jetzt. Wann hast Du Zeit? Was könnte Dich in dieser Zeit stören? Das Telefon? Die Kinder? Wie kannst Du diese Störquellen für Deine 15 Minuten präventiv ausschalten?

Besonders zu Beginn, lässt man sich dann doch schnell von seinem Plan, sich täglich 15 Minuten Zeit für sich zu nehmen, abbringen. Daher ist es wichtig zu fragen: Was mache ich, wenn ich mir die 15 Minuten nicht genommen habe? Suche Dir selber eine Strafe aus. Diese kann wie folgt aussehen:

- Du spendest dem verhassten Fußballverein 15 Euro, einen für jede Minute, die Du Dir nicht genommen hast.
- Du putzt die nächsten 15 Tage die Toilette.

**Der Geist des Gebens**
Wenn man ein Stück von sich gibt und ehrliches Interesse an der ganzen Person des anderen hat, bringt man nicht nur die besten Seiten des anderen zum Vorschein, sondern auch seine eigenen.
Der positive Eindruck auf den Menschen ist einer der bemerkenswertesten Vorteile des Gebens. Wir müssen dankbar sein, dass wir so viel Hingabe besitzen, Geben zu können.
Dieselbe Haltung lässt sich übrigens auch auf die Familie und den Freundeskreis übertragen.


**Wir leben in einer Zeit, in der der Verstand die Seele überschattet**
Für viele Menschen ist er das Einzige, was sie voneinander wahrnehmen.
Es gibt in der Geschichte bislang kein Beispiel für eine Veränderung – kaum vorstellbar, welche Auswirkungen eine Veränderung auf uns persönlich und die Menschen hätte.


**Anziehungskraft auf andere Menschen genießen**
Anziehungskraft auf andere Menschen führt zur großen Seelenernte.
Was ist die Auswirkung aufgrund dieser Erkenntnis?
Wenn ich weiß, wer ich bin und auch überzeugt bin davon, dass dies wirklich so ist, dann ist die Auswirkung: Glaube. Und mit diesem Glauben erhalten wir auch die Hoffnung, dass alles was wir tun Sinn macht.

Was sind die Ergebnisse einer echten Glaubenshandlung?
Zeichen und Wunder, Überfluss, Heilung, göttliche Gesundheit, Begeisterung usw.

**Viele Menschen versuchen mit allen Mitteln Ergebnisse hervorzubringen.**
Wenn wir nicht wirklich attraktiv sind, dann müssen wir den Menschen immer hinterher laufen. Wenn wir aber attraktiv sind, haben wir automatisch Anziehungskraft auf andere Menschen.
Andere Menschen suchen unsere Nähe, weil sie wissen, dass wir etwas haben, das man mit Geld nicht kaufen kann. Wir haben zu uns selbst gefunden, das heißt, in unsere Seele geschaut. Und wenn wir zu uns selbst gefunden haben, dann haben wir auch die Chance etwas zu ändern.
Mit der Seele konzentrieren wir uns natürlich auch auf das Wichtigste. Nämlich nicht auf Geld, Ruhm, Macht und Anerkennung, sondern auf die Bedürfnisse der Menschen – die wirklichen Bedürfnisse, die langfristige Ziele mit sich bringen, langfristiges Glück. Und wenn jeder es schafft in seine Seele zu schauen und so ein Stück von sich selbst zu geben, wäre dann nicht alles gut? Dann wäre alles verändert.
Du hast also die Chance etwas zu ändern, denn Du schaust in Deine Seele und konzentrierst damit Deine Energie auf das wirklich Wichtige.

*Es ist nicht gesagt, dass es besser wird, wenn es aber besser werden soll, muss es anders werden.*
Georg Christoph Lichtenberg (1749 – 1789)

## Der Abstieg der Persönlichkeit

Wirkliche Durchbrüche schaffen heutzutage diejenigen, die erkennen, dass sich Menschen viel mehr von ihrer Arbeit erhoffen – nämlich eine tiefere, innere Befriedigung.

Die traurige Wahrheit ist, dass die Arbeit in den letzten 30 Jahren zu einer seelischen Verarmung geführt hat. Für die meisten Menschen ist sie nicht länger eine Quelle der Inspiration und Freude, keine Möglichkeit mehr, selbstverantwortlich und integer zu handeln und sich selbst zu verwirklichen.

Die meisten an alten Klischees orientierten Managementtheorien empfehlen lediglich kosmetische Veränderungen dessen, was wir ohnehin schon tun, und an vorderster Stelle steht, einfach immer schneller und effizienter zu arbeiten.

Die Menschen sind es leid, ihren müden Kopf mit zur Arbeit zu bringen, ihre Seele aber zu Hause zu lassen. Und sie sind es leid, sich ihr Tun von Managern diktieren zu lassen, die noch immer nicht begriffen haben, was das Wort *Seele* eigentlich bedeutet.

Ich möchte Dir an dieser Stelle die Bedürfnispyramide nach Maslow vorstellen.

**Selbstverwirklichung**

**Ich-Bedürfnisse** (Anerkennung und Geltung)

**Soziale Bedürfnisse** (Freundschaft, Liebe, Gruppenzugehörigkeit)

**Sicherheitsbedürfnisse** (materielle und berufliche Sicherheit, Wohnen, Arbeiten)

**Grundbedürfnisse** (Essen, Trinken und Schlafen)

Als oberstes Ziel steht in dieser Pyramide die Selbstverwirklichung. Unsere Persönlichkeit ist auf die Befriedigung von Bedürfnissen ausgerichtet. Diese Sicherheits- und sozialen Bedürfnisse bilden eine Grundlage, die der Mensch stillen kann. Sind sie gestillt, drängt unser Unterbewusstsein auf die Befriedigung des nächsthöheren Bedürfnisses. Das höchste aller Ziele aber ist es, wenn unser Bedürfnis nach Selbstentfaltung gefördert und befriedigt wird. Entfaltung und Verwirklichung ist das höchste Gut, das wir haben. Nur wer die Seele des Menschen erkennt und genau hinsieht, kann die Selbstverwirklichung fördern. Dazu muss man zu Dingen in der Lage sein, die die meisten Managermethoden einfach auslassen oder vergessen. Welcher CEO fragt sich schon, ob seine Arbeitnehmer genügend Freiheit haben in ihrem Job eigene Entscheidungen zu treffen und inwieweit sie sich in ihrem Aufgabenfeld entfalten können. Für sie zählt der Profit. Unter welchen Umständen dieser zustande kommt ist egal.

Sich auf die Stärken seines Gegenübers zu konzentrieren, das Potenzial zu erkennen und Entwicklungsmöglichkeiten zu eröffnen, darum geht es. Es geht nicht darum nur immer schneller und immer effizienter zu arbeiten. Leider werden wir oft enttäuscht, da wir uns viel mehr von unserer Arbeit erhoffen, nämlich Bestätigung und Wertschätzung, die wir heutzutage nicht mehr erhalten. Das scheint überflüssig geworden zu sein. So brennen wir aus, da wir nach einer tiefen, inneren Befriedigung, Herausforderung, Individualismus, Kreativität, Freiheit und Wissen lechzen, die uns unsere Arbeit, welche nur auf Effizienz und Zeitersparnis ausgelegt ist, nicht bietet.

Nur mit Akzeptanz und Selbstverwirklichung erreichen wir eine Sinnerfüllung. Je mehr wir also auch die Selbstverwirklichung anderer fördern und ihnen nicht mehr einfach nur das aufzwängen, was

Manager diktieren, desto zufriedener werden sie. Und damit wendest Du Schaden von ihnen ab und im Umkehrschluss auch von Dir. Du dienst der Gesellschaft und machst sie stark, anstatt sie auf Kosten ihrer Zufriedenheit auszusaugen. Und auf diese Weise erhältst Du Anziehungskraft, weil Du das siehst, was den Menschen wirklich ausmacht; das Wesentliche wird für Dich sichtbar.

Jeder Mensch in Deiner Umgebung kann immer nur so viel geben, wie Du es auch zulässt, wie Du ihn förderst und forderst. Ich habe immer wieder erlebt, dass die neuesten Managementmethoden nur auf die Vergrößerung des Wissens ausgelegt waren. Doch was nützt Dir das, wenn es gar nicht umgesetzt und wirkungsvoll angewendet werden kann?
Erkennst Du Deine eigenen Fähigkeiten und Deine Seele, kannst Du in den geeigneten Situationen davon profitieren. Im Umgang mit Menschen müssen wir alle unsere Einstellung und unsere Überzeugung ändern. Wir müssen positiv an unsere Mitmenschen herantreten. Kümmerst Du Dich um den Zugang zu Deiner Seele und bist Du im Einklang mit Dir selber, so wird Dein Umfeld um Dich herum gesund bleiben. Es ist heute kein Management mehr gefragt, sondern eine Führung, die nicht an erster Stelle die Leistung der Mitarbeiter im Blick hat, sondern den langfristigen Erfolg durch das Erreichen langfristiger Ziele – Zufriedenheit und Glück.

**Attraktivität führt zu Anziehungskraft**
Wenn Menschen in Scharen angezogen werden, multipliziert sich die Botschaft und kommt so in jedes Haus. Dafür sorgen schon die vielen begeisterten Menschen. Sie können es einfach nicht für sich behalten. Durch die Attraktivität kommt automatisch die große Anziehungskraft auf andere Menschen.

**Ziel muss es sein, zuzuhören und die gesammelten Informationen in unsere Seelenarbeit einzubringen**

Es ist wichtig, dass wir stets zuhören und jeden darin bestärken, sich die Sache bis zum Ende anzuschauen, bevor er ein Urteil über den Erfolg unserer Seelenarbeit fällt.

Ziel muss es sein, zuzuhören und die gesammelten Informationen in unsere Seelenarbeit einzubringen. Diskussionen sind fast immer kontraproduktiv, denn der traditionelle Manager eines mechanistischen Unternehmens wird uns immer mit rationalen Argumenten antworten und sie dazu nutzen, ein auf Kurzfristigkeit ausgerichtetes Denken durchzusetzen.

Diese Art von Denken gefährdet unsere Seelenarbeit, denn der Prozess der Veränderung kann zu jedem beliebigen Zeitpunkt abgebrochen und als Fehlschlag gewertet werden.

## Was ist Liebe eigentlich genau?

**Alle Welt verwendet den Begriff *Liebe*, doch was ist *Liebe* eigentlich genau?**

Die Menschen verwenden die Wörter *Liebe* und *lieben* sowie andere grammatische Varianten für die unterschiedlichsten Bezugsobjekte. Doch was ist *Liebe* tatsächlich?

Die Liebe Gottes – die, die von ihm ausgeht, wie auch die, die wir ihm entgegenbringen – bezeichnen viele als die Kraft, die ihr Leben überhaupt ermöglicht.

Wie verwendest Du die Wörter *Liebe* und *lieben*? Welche Bezugsobjekte stellst Du dahinter? Wen liebst du? Wann spürst Du wahre und unabdingbare Liebe?

**Was wäre wenn, wir lernen würden, direkt von Seele zu Seele zu kommunizieren?**
In der Geschichte gibt es bislang kein Beispiel für eine solch einschneidende Veränderung. Leider, denn die Auswirkungen zeigen sich an uns persönlich und unserem Lebensstil (Beruf, Status, materieller Besitz) und in der Art, wie wir miteinander umgehen, in unserer äußeren Erscheinung (Gesundheit, Mode und Auftreten) und unseren Werten und Überzeugungen. Wir sind der Überzeugung, dass man Menschen erreicht, indem man ein bestimmtes Bild präsentiert. Status, Beruf, Mode, Auftreten – all das soll Menschen beeindrucken. Doch wird die Seele berührt? Daher noch einmal die Frage: Was wäre wenn wir lernen direkt von Seele zu Seele zu kommunizieren?


**Andere Menschen suchen unsere Nähe, weil sie wissen, dass wir etwas haben, das man mit Geld nicht kaufen kann**
Viele Menschen versuchen ihre Liebe zu anderen Menschen mit viel Werbung zu erreichen. Das kostet viel Geld und bringt meist nicht viel. Wir möchten als Christen attraktiv sein für andere Menschen, damit diese gerne mit uns sprechen, stimmt's?
Frage: Warum fährst Du mit Deinem Auto zur Tankstelle und nicht zur Molkerei? Ganz einfach, weil Du glaubst, dass Dein Auto nur mit Benzin läuft und nicht mit Milch.
Wer wirklich glaubt, der handelt auch danach. Wir glauben, dass man mit Geld vieles erreichen kann, weil es uns oft vorgelebt wird. Die Gesellschaft lebt es uns oft vor, mit katastrophalen Ausmaßen. Die Seelen verkümmern dabei.

**Je mehr wir ins Zentrum der Dinge vorstoßen, umso automatischer gehen die Dinge vor sich**

Die zentrale Frage für uns ist dabei: Was ist der wirkungsvollste Punkt in unserem persönlichen Glaubensleben?
Du entdeckst ihn, ich begleite Dich dabei.

## Das Wichtigste aus Schlüssel 3:

Auf der Reise des Lebens entwickelst Du Dich immer weiter. Nur so bleibst Du relevant. Dabei steht die Kommunikation, mit ihren Inhalten und ihrer Form, weit vorne. Mit dieser kannst Du das seelische Befinden beeinflussen und Dich weiterentwickeln.

Nur mit Deiner Seele kannst Du etwas Bleibendes schaffen. Lass Dich auf Deinem Weg zu Deiner Seele nicht behindern und behindere auch Du Deine Mitmenschen nicht, sondern fördere und fordere sie. So geben wir uns gegenseitig die Möglichkeit, uns voranzutreiben und neue Wege auszuprobieren.

Wir müssen unserem Leben einen Sinn geben, nur dann können wir unsere Wünsche und Bedürfnisse artikulieren. Wir müssen es in dieser Zeit endlich voll und ganz erlauben, Gefühle zu erkennen und in Worte zu fassen.
Welche Bedürfnisse hast Du?

Du musst Deine Gefühle und Deinen Verstand wieder so in Einklang bringen, dass Du Deine Intuition wiederfindest und damit den Schlüssel zu Deiner Seele. Nimm Dir Zeit dafür, führe die Achtsamkeitsübungen und Meditationen, die Du nun erlernt hast, durch. Du wirst alle Lebensbereiche abfragen können und erkennen, wo Handlungsbedarf besteht, wo Du jetzt stehst und was Du ändern möchtest.

Mit diesen Erkenntnissen kannst Du Deine Bedürfnisse in der einzigen richtigen Form befriedigen: voller Hingabe. Und wenn Du

Dich selber erkennst, den Schlüssel zu Deiner Seele in der Hand hältst, dann weißt Du auch, wer Du bist. Und dann ist die Auswirkung ein *Glaube*, mit dem Du die Hoffnung erhältst, dass alles was Du tust einen Sinn hat.

Nur in Deiner Seele findest Du Dich selber und damit etwas, das Du mit Geld niemals kaufen kannst. Und wenn Du Dich gefunden hast, dann kannst Du etwas ändern. Dann kannst Du Dich auch auf die Bedürfnisse der Menschen konzentrieren, und zwar die wirklichen Bedürfnisse, die langfristige Ziele mit sich bringen: langfristiges Glück.

Mit Deiner Seele konzentrierst Du Dich auf die wirklich wichtigen Dinge im Leben.

**Meine Notizen zum dritten Schlüssel:**

# SCHLÜSSEL 4: Attraktivität

Selbstachtung und Selbstakzeptanz sind ausschlaggebend dafür, wie wir uns selbst und wie uns andere infolgedessen behandeln. Das hat daher ganz entscheidenden Einfluss darauf, was wir aus unserem Leben machen.

Schon Mark Twain wusste: *Die schlimmste Einsamkeit besteht darin, sich selbst nicht leiden zu können.* Wenn Du Dich selber achtest und akzeptierst, gehst Du einen ersten Schritt in Richtung Selbstbewusstsein und bedingungsloser Selbstakzeptanz. Du musst also an Dir arbeiten, Dinge an Dir nicht abzustoßen.

Du hast bereits eine Mindmap mit Deinen Fähigkeiten erstellt. Wie sieht es um Deine *Fehler* aus, Dinge, die Du nicht so gut kannst? Akzeptiere diese kleinen und vielleicht auch großen Macken. Das bedeutet nicht, dass Du jetzt einfach alles an dir toll finden musst. Es bedeutet, dass Du Dich einfach bedingungslos akzeptieren darfst; akzeptieren, dass die Lage im Moment eben so aussieht und dass es neben kleinen Macken auch viele Stärken an Dir gibt. Die Selbstakzeptanz hilft Dir die Energie zu sammeln, um an Deinen Macken zu arbeiten.

Sträube Dich nicht innerlich gegen Dich, sondern arbeite an Dir. Du kannst Dich ewig und drei Tage über Deine schlechten Eigenschaften ärgern, welche auch immer das sein mögen, es wird nichts bringen: Es wird Dich herunterziehen und Du konzentrierst Deine Energie auf den falschen Punkt.

Erstelle eine Liste: Was sind Eigenschaften, die Du an Dir schätzt? Welche Eigenschaften kannst Du nicht oder nur sehr schwer akzeptieren?

Ich habe Dir eine Grafik erstellt, die Dir dabei hilft diese Liste zu erstellen:

| Ich schätze an mir, dass ich … | Ich kann gar nicht oder schwer akzeptieren, dass ich … |
|---|---|
|  |  |
|  |  |
|  |  |
|  |  |
|  |  |

Auf einer Skala von 1 – 10, wobei 1 niedrig und 10 hoch ist, liegt meine Selbstakzeptanz bei: ___

Nun sprichst Du laut aus:

- Ich bin jetzt bereit diesen Teil von mir zu akzeptieren und zu lieben.
- Ich würdige meine Gefühle und nehme sie an.
- Ich lasse alle Urteile und negativen Gefühle über mich selbst los und akzeptiere mich bedingungslos in all meinen Facetten.

Schreibe nun auf, wie Du Dich derzeit beschreiben würdest, inklusive Deiner Stärken und Schwächen. Zeichne dabei ein starkes positives Bild von Dir selbst und schließe die Eigenschaften, die Du bisher für nicht akzeptabel gehalten hast, auch mit ein. Schreibe auf, dass Du bereit bist, Dich so zu akzeptieren und zu lieben.

Wenn Du Dich selber achtest, dann wirst Du auch andere voller Achtung behandeln können. Selbstachtung hat einen entscheidenden Einfluss darauf, was Du aus Deinem Leben machst, denn die Farbe der Seele wird bestimmt von den Gedanken, die Du Dir gegenüber hast.

Wer sich lebenslangem Lernen, also geistiger Instandhaltung, verschrieben hat, der kann sich unbesorgt zurücklehnen; er weiß, dass er relevant – und damit jung – bleibt.
Da Lernen der Regeneration dient, erquickt es zusätzlich die Seele.

Jeder Mensch ist einzigartig. Daher können wir ihn erst motivieren, wenn wir Programme entwickeln, die auf die Bedürfnisse jedes Einzelnen zugeschnitten sind.

Die Gewissheit, etwas Sinnvolles zu tun, ist der größte innere Anreiz und beflügelt die Seele.
Menschen müssen selber erfahren, welche seelischen Kräfte bei ihnen frei werden, um den Nutzen der Seelenarbeit ermessen zu können. Du musst selber erfahren, was Dich ausmacht und Dir Deine seelischen Kräfte selber zuschreiben und eingestehen, denn dann wird diese Wirkung ganz automatisch auch auf Deine Mitmenschen übergehen.

Der Bambus braucht fünf Jahre, um 30 Meter hoch zu wachsen. Von der Natur kann man lernen, was man mit Geduld erreichen kann.

Manche Veränderungen im biochemischen System führen zu einer Vergiftung der Seele.
Wir können die Biochemie anderer Menschen direkt verändern, wenn wir persönlich mit ihnen zusammenkommen – im guten wie im schlechten Sinne. Du hast die Möglichkeit jedem Menschen etwas zuzuschreiben – positiv und negativ.

Ich möchte Dir die *Attribution* erklären:
Wir alle haben ausgeprägte Neigungen, Menschen in Kategorien einzuteilen. Das ist eine ganz natürliche Eigenschaft, da wir natürlich mit so vielen Menschen im Leben zu tun haben, dass wir ein Muster oder ein Schema verwenden müssen. Somit sehen wir die Verhaltensweisen unserer Mitmenschen durch kausale Beziehungen miteinander verbunden. Wir denken gar nicht darüber nach, warum zum Beispiel ein Pärchen Arm in Arm spazieren geht. Wir wundern uns nicht, wenn Menschen langsam durch die Einkaufsstraße bummeln, wir lächeln automatisch zurück, wenn eine gute Freundin oder ein guter Freund uns anlächelt. Unser Interesse erwacht nicht. Diese Verhaltensweisen bedürfen keiner Erklärung, da wir diese Situationen kennen und meinen, einschätzen zu kön-

nen. Unsere Erwartungen sind gedeckt mit dem Beobachteten, es ist ganz alltäglich.

Was aber wäre, wenn das spazierende Pärchen aus zwei Arm in Arm gehenden Männern bestünde? Was wäre, wenn Menschen nicht mehr gemütlich durch die Einkaufsstraße bummeln, sondern im Militärschritt durch die Straßen marschieren? Und lächeln wir ebenso automatisch, wie bei dem Freund oder der Freundin zurück, wenn uns eine attraktive und anziehende Person anlächelt, ohne dabei direkt Vermutungen anzustellen?

All diese Punkte würden vermutlich jeden von uns aufmerksam machen. Wir würden nach dem Grund fragen und zumindest eine vorläufige Erklärung oder Deutung, also eine Attribution, eine Kausalzuschreibung finden wollen. Wir würden vom beobachteten Verhalten auf eine Ursache schließen. Wir neigen sofort dazu, das beobachtete Verhalten typisch zu finden, für die Art und Weise, wie sich diese Person immer benimmt, ganz besonders, wenn das Verhalten nicht gewöhnlich ist.

So hängen auch die beiden Punkte *Fähigkeit* und *Absicht* zusammen. Menschen, die große Fähigkeiten besitzen, sind weniger eingeschränkt in ihrem Können, als Menschen mit geringen Fähigkeiten. Wir neigen dadurch dazu, das Verhalten von Personen mit großen Fähigkeiten als Spiegel ihrer Absichten zu werten. Deshalb neigen wir alle, auch Du und ich dazu, Menschen mit großen Fähigkeiten die Schuld an Misserfolgen zu geben, weil wir von ihnen erwarten, dass sie immer alles tun können, was sie wollen. Erreichen sie diese Ziele nicht, so schließen wir automatisch darauf, dass sie sich nicht bemüht haben. Das sieht man ganz besonders oft bei großen Sportlern und deren tief enttäuschten Fans nach einer Niederlage.

Attributionen beruhen also eigentlich auf Informationen, doch in der Realität werden wir durch Wünsche und Bedürfnisse, unser Herz und unseren Verstand beeinflusst und sehen, was wir sehen wollen. Wir müssen lernen, nicht voreingenommen durch die Welt zu gehen, sonst neigen wir nämlich zu Beurteilungsfehlern, ganz besonders dann, wenn wir bevorzugte Eigenschaften in Situationen hineininterpretieren.

Du hast also die Möglichkeit, die Biochemie anderer Menschen zu verändern. Du kannst jedem Menschen etwas Gutes oder Schlechtes zuschreiben und hast somit die Möglichkeit etwas ganz Besonderes zu erreichen: **Mit Deiner Einstellung anderen gegenüber, kannst Du sie zum Blühen bringen.**

## Die Arbeit der letzten Jahrzehnte hat zu einer seelischen Verarmung geführt

Wirkliche Durchbrüche schaffen heutzutage diejenigen, die erkennen, dass sich die Menschen allenthalben viel mehr von ihrer Arbeit erhoffen, nämlich eine tiefere, innere Befriedigung. Kreative Manager pfropfen deshalb den neuen Problemen nicht gewaltsam alte Lösungen auf, sondern stellen zeitlose und doch höchst aktuelle, zukunftsweisende Fragen. Sie sind entschlossen, den Bann zu brechen.
Die, die es bis jetzt noch immer nicht erkannt haben, arbeiten bis zu ihrer Belastungsgrenze und darüber hinaus. Sie sind der Ansicht, dass sich der Selbstwert nur mit erbrachter Leistung steigern lässt, also ein Selbstwert nur in Abhängigkeit von ihrer Leistung besteht. Das wahre Glück aber haben sie nicht erkannt und es bleibt ihnen verwehrt. Ich spreche an dieser Stelle ganz bewusst von *Selbstwert* und nicht von *Selbstakzeptanz*, als eine höhere Stufe. In diesem Wert liegt eben immer eine Wertung und nicht die Selbstverständlichkeit, sich anzunehmen wie man ist.

Erst dann, wenn der Selbstwert nicht an Leistung gekoppelt ist, kann Glück entstehen – und Akzeptanz. Du kannst dieses Glück der Menschen fördern, indem Du Deine Einstellung änderst und damit auch auf Deine Mitmenschen ganz anders zugehst.

**Der richtige Umgang mit Macht und Angst**
Ein Mensch, der von der Macht lebt, wird versuchen, andere einzuschüchtern und zu bedrohen, doch Charme wird jede Aggression in sich zusammenfallen lassen.
Wer seine Ziele mit Hilfe von Macht erreichen will, ist auf dem Holzweg; es gehört Mut dazu, seine Ziele mit Charme und Liebenswürdigkeit anzusteuern. Und doch scheint emotionale Kühle modern zu sein.

Jeder Mensch sehnt sich nach mehr Liebe – nicht nach mehr Angst – und jeder möchte seiner Seele Flügel verleihen, nur weiß er nicht, wie er es anstellen soll.
Wir haben die Aufgabe, es ihm zu zeigen. Die Menschen möchten einen spirituellen Weg einschlagen, nur können sie ihre Wünsche häufig nicht artikulieren. Sie haben dieselben Ängste wie wir, brauchen ebenso Hoffnung wie wir, können ihre Gefühle aber nicht in Worte fassen.
Das musst Du lernen und das müssen wir unseren Mitmenschen vermitteln.

Gefühle und Emotionen sind in allen Begegnungen ein zentraler Punkt und gleichzeitig die Basis für Missverständnisse. Oft fehlt eine gemeinsame Sprache. Du musst eine gemeinsame Sprache mit Deinem Gegenüber finden, um seine Gefühle richtig zu verstehen, und dazu gehört auch, Deine Gefühle in Worte zu fassen.

Gefühle auszudrücken hilft eine Situation zu rekapitulieren, herauszufinden was da eigentlich passiert ist. Du darfst Deinen Gefühlen, und seien sie noch so schwach und kaum wahrnehmbar, nachgehen: Der kleine nagende Zweifel, der Funke Hoffnung oder auch der Hauch eines Verlangens. All diese Nuancen, gehen schnell unter, während das allgemeine Getöse emotional um uns herumwirbelt. Dabei sind sie der Weg zum Verständnis dafür, warum eine Situation oder Begegnung gerade so schwierig, so verheißungsvoll oder so magisch ist.

Nur wenn Du Deine Gefühle erkennst, kannst Du auch die der anderen sehen. Gefühle zeigen Dir, wo ein Prozess der Veränderung beginnt, begonnen hat oder dringend nötig ist. Dass Du Deinem Kollegen in einem unmissverständlichen Ton sagst, dass es nicht okay ist, wie er Dich behandelt. Dass Du endlich sagst *Ich liebe dich*, auch wenn Du Dir nicht sicher bist, dass Dein Gegenüber *Ich dich auch* antwortet.

Oft hat man Angst sich angreifbar zu machen, besonders dann, wenn es sich um Gefühle wie Scham, Schüchternheit oder Verlegenheit handelt. Unterdrücke Deine Gefühle nicht und lasse sie auch vor anderen zu. Wenn Du Ärger unterdrückst, wirst Du nur noch wütender, und wenn Du den Ärger anderer Personen nicht gestattest, werden sie mit noch mehr Aggression reagieren. Und bedenke: Machst Du Dich nicht erst recht angreifbar, wenn Du nicht zu Deinen Gefühlen stehst oder stehen kannst? Bist Du nicht viel stärker, wenn Du weißt wo Du stehst und dies auch vertreten kannst?

Die Grundkraft Deiner Gefühle ist es, etwas in Bewegung zu bringen und Dich zu zwingen, Deine Fähigkeiten einzusetzen. Nur so werden Deine Bedürfnisse befriedigt. Ein achtsamer Umgang mit Deinen Gefühlen bedeutet, dass Du die Bereitschaft besitzt, Ge-

fühle bei Dir und bei anderen wahrzunehmen, anstatt Dich immer beherrschen zu wollen und Harmonie zu wahren.
Du hast bereits gelernt, alles was zu Dir gehört zu akzeptieren. Deine Glanzseiten, wie auch Deine Schattenseiten. So ist es auch bei Gefühlen. Auch unschöne Gefühle wie Neid, Eifersucht und Wut darfst Du Dir zugestehen. Du darfst Dich über Erfolge lautstark freuen und ebenso mit aller Kraft gegen einen Mülleimer treten, wenn Du gerade stinksauer bist. Lerne also Deine Gefühle in Worte zu fassen und beachte sie ganz bewusst.

Ich habe Dir einen Gefühlsstern aufgezeichnet, der Dir die Dimensionen von Gefühlen nahebringen soll:

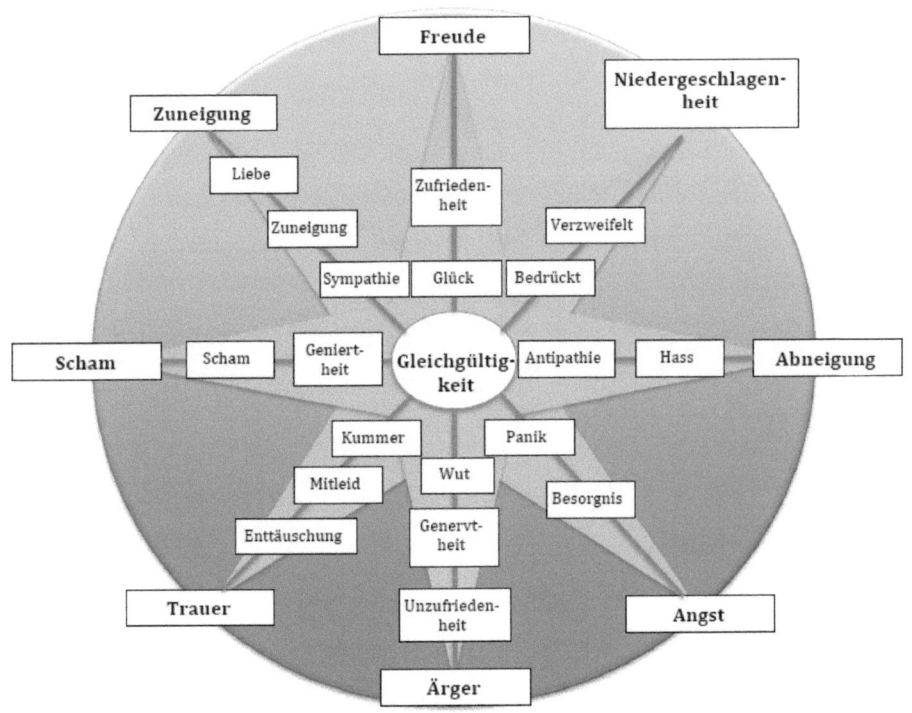

**Wenn wir die seelischen Bedürfnisse der anderen befriedigen, so werden auch unsere eigenen befriedigt**
Der wichtigste Antrieb der menschlichen Natur ist der Wunsch nach Anerkennung. Anerkennung kann niemals durch den Verstand diktiert werden, sie entsteht in unserer Seele. Keine Vergütung kann uns die Anerkennung schenken, die wir benötigen. Langfristiges Glück erfahren wir in Momenten, in denen uns ein Mensch anerkennend auf die Schulter klopft, ein Lob oder ein gutes Wort ausspricht.
Es ist zwar noch ein weiter Weg von den bislang üblichen Vergütungsmethoden, die auf individuelle Unterschiede keine Rücksicht nehmen, zu Systemen, die unsere Seele mit einer Mischung aus inneren und äußeren Anreizen motivieren, aber wirtschaftliche Zwänge und die Vernunft dieses Ansatzes werden uns unweigerlich auf diesen Weg führen.
Es gehört nicht viel Fantasie dazu zu begreifen, dass Mitarbeiter, die zu Hause arbeiten und wann immer sie wollen eine Pause einlegen können – um Kaffee zu trinken, den Hund auszuführen oder mit der Familie zu Mittag zu essen –, zufriedener und somit leistungsfähiger sind. Zeit mit seinen Lieben zu verbringen ist wertvoller als Geld, Luxus oder auch Schlaf. Es gibt uns Kraft und Zufriedenheit, denn es erfüllt unsere Bedürfnisse.


**Selbst die größten Leistungen werden sich am Ende auflösen, allein unsere Seelen leben ewig fort**
Da unsere Häuser und Autos, unser Schmuck und andere Statussymbole unweigerlich der Vergänglichkeit anheimfallen werden, müssen wir uns fragen: *Was wird, wenn wir als materielle Wesen verschwunden sind, von unseren Seelen zeugen?*

Ohne Kreativität ist unser Leben wie auch unsere Arbeit bedeutungslos. Ohne Kreativität können wir zwar existieren, aber sind wir dabei wirklich am Leben? Kreativität bedeutet Sinn. Und Sinn erfahren wir in unserer Seele und nicht in Form von Luxus und Macht.
Überlege einmal: Welches Vermächtnis hinterlässt Du Deiner Seele?

## In unserer Welt ist man sich viel zu wenig der Notwendigkeit bewusst, die Bedürfnisse der Seele zu befriedigen

Wie haben wir unsere Seele verloren? Wie ist es zu dieser Situation gekommen und wie können wir sie meistern?
Ein Indikator dafür ist, wie sehr wir die Zeit in unserem Leben komprimiert haben.

**Unsere Aufgabe besteht darin, die anderen zu Kreativität anzuspornen**
Die Verfechter von Kreativität beseitigen Hindernisse, die das kreative Denken hemmen, und gestatten der Seele frei zu sein und ungehindert zu denken.
Sie stellen die richtigen Fragen:

- Wie kann ich Deine Kreativität fördern?
- Was sind Deine seelischen Bedürfnisse?
- Was inspiriert Dich?

TEAM ist ein Akronym für *Together Everyone Achieves More – Gemeinsam erreichen wir alle mehr*. Wir müssen andere dafür begeistern, sich gegenseitig in ihrem Sinne anzuspornen oder viel mehr für ihre Seelenbedürfnisse zu kämpfen. Gelingt uns das, gebührt uns Anerkennung dafür, dass wir eine Umgebung geschaffen haben, in der sich Kreativität entfalten kann. Wenn Du es schaffst, andere zu begeistern, dann ist das wirklich Anerkennung wert.

**Einer gemeinsamen Vision folgen, anderen helfen ihre Träume zu verwirklichen**
Wenn Gier und Unehrlichkeit, die beiden Krankheiten der Seele, zusammentreffen, hat das fatale Auswirkungen auf die Menschen. Ihre Seele erkrankt. Sie erleiden Depressionen, Burn-out und körperliche Erkrankungen.
Mit anderen zusammenarbeiten, einer gemeinsamen Vision folgen, anderen dabei helfen ihre Träume zu verwirklichen, neue Freundschaften knüpfen und sich ohne Konkurrenzverhalten für eine Sache einsetzen – dies alles ist von unschätzbarem Wert.

Unternehmen sind mehr als nur Instrumente zur Schaffung von Arbeitsplätzen. Sie bieten uns die Möglichkeit, etwas Sinnvolles für unsere Mitmenschen und unseren Planeten zu tun.
Wir müssen den Erfolg eines Unternehmens an zwei Kriterien messen:

1. Erhalten wir für unsere Arbeit einen angemessenen Ausgleich?
2. Hat die Arbeit unsere Seele beflügelt?

## Wir appellieren an das Bedürfnis der Persönlichkeit nach Selbsterhaltung, Status, Stärkung des Egos und Anerkennung

Wir treiben die Menschen zur Eile an und versuchen sie, zu besseren Leistungen zu bewegen. – Die Geschichte der Führungstheorie wurzelt fest in der Psychologie der Persönlichkeit – und die Seele bleibt außen vor.

Ganz allgemein kann man sagen, dass wir in einer Zeit leben, in der die Persönlichkeit die Seele überschattet. Wir haben uns die Überzeugung zu eigen gemacht, dass der Wert eines Menschen mit der Größe seines Vermögens gleichzusetzen ist.

Diese Dinge, von denen der Verstand uns vorgaukelt, es handle sich dabei um langfristige Ziele, die erreicht werden müssen, um glücklich zu sein, sind vergänglich. Wirkliches Glück hingegen wirst Du nur in Deiner Seele finden. Und hier findest Du auch den wirklichen Wert eines Menschen.

Unsere Seele verfolgt langfristige Ziele, die Dir tatsächliches Glück bescheren, und doch hören wir oft nicht hin und sehen nur die materiellen Güter. Das Wesentliche bleibt für das Auge unsichtbar. Anstatt sich dieser vergänglichen Dinge zu erfreuen, sollten wir unser Augenmerk also auf die unvergänglichen Dinge des Lebens richten, wie die Natur in all ihren Facetten, die Bedürfnisse der Menschen, den Mensch an sich – die Seele.

## Während die Persönlichkeit mit Intuition nicht viel anfangen kann, behandelt die Seele sie als ihren wertvollsten, den fünf anderen Sinnen übergeordneten Sinn

Die Seele orientiert sich in erster Linie an Ahnungen, Empfindungen und vagen Vorgefühlen.

Auch wenn es so gut wie unmöglich ist, den Wert von Träumen und Eingebungen zu messen, zeigen sie mitunter doch erstaunliche Ergebnisse. Wenn wir uns mit der Vorstellung anfreunden, dass nicht alles quantifiziert werden muss und wir das Unbegreifliche als zulässige Informationsquelle schätzen lernen, kann die Seele befreit und infolgedessen auch kreatives Denken freigesetzt werden.

## Das Wichtigste aus Schlüssel 4:

Sträube Dich nicht gegen Dich. Du kannst an Dir arbeiten oder Du kannst Dich ewig und drei Tage über Deine schlechten Eigenschaften ärgern. Wird es Dir etwas bringen? Nein. Du konzentrierst Deine Energie auf den falschen Punkt und es wird Dich herunterziehen.

Nur dann, wenn Du Dich selber achtest, wirst Du auch andere voller Achtung behandeln können und voller Achtung behandelt werden. Selbstachtung hat einen entscheidenden Einfluss darauf, was Du aus Deinem Leben machst.

Du musst selber erfahren, was Dich ausmacht, und Dir Deine seelischen Kräfte selber zuschreiben und eingestehen, denn dann wird diese Wirkung ganz automatisch auch auf Deine Mitmenschen fallen. Sie werden dann erfahren, welche seelischen Kräfte frei werden und den Nutzen der Seelenarbeit ermessen können.

Du kannst die Biochemie anderer Menschen direkt verändern, wenn Du persönlich mit ihnen zusammenkommst – im guten wie im schlechten Sinne. Du hast die Möglichkeit, jedem Menschen etwas zuzuschreiben – positiv und negativ. Du musst daher lernen, nicht voreingenommen durch die Welt zu gehen, denn dann neigst Du zu Beurteilungsfehlern, ganz besonders dann, wenn Du bevorzugte Eigenschaften in Situationen hineininterpretierst. Du kannst jedem Menschen etwas Gutes oder Schlechtes zuschreiben und hast somit die Möglichkeit, Deine Mitmenschen zum Blühen zu bringen – allein mit Deiner Einstellung ihnen gegenüber.

Gefühle und Emotionen sind in allen Begegnungen ein zentraler Punkt. Oft fehlt eine gemeinsame Sprache. Du musst eine gemeinsame Sprache mit Deinem Gegenüber finden, um seine Gefühle richtig zu verstehen; dazu gehört auch, Deine Gefühle in Worte zu fassen.

Gefühle auszudrücken hilft eine Situation zu rekapitulieren, herauszufinden, was da eigentlich passiert ist. Du darfst Deinen Gefühlen, und seien sie noch so schwach und kaum wahrnehmbar, nachgehen.

Nur wenn Du Deine Gefühle erkennst, kannst Du auch die der anderen sehen. Gefühle zeigen Dir, wo ein Prozess der Veränderung beginnt, begonnen hat oder dringend nötig ist. Nur so wirkst Du der seelischen Verarmung der letzten Jahre entgegen. Wenn Du die seelischen Bedürfnisse der anderen befriedigst, so befriedigst Du auch Deine eigenen.

Bist Du Dir der Notwendigkeit bewusst, die Bedürfnisse der Seele zu befriedigen? Unsere Aufgabe besteht darin, die anderen zu Kreativität anzuspornen. Wir müssen andere dafür begeistern, sich gegenseitig in ihrem Sinn anzuspornen oder viel mehr für ihre Seelenbedürfnisse zu kämpfen. Gelingt uns das, gebührt uns Anerkennung dafür, dass wir eine Umgebung geschaffen haben, in der sich Kreativität entfalten kann.

Wir haben uns die Überzeugung zu eigen gemacht, dass der Wert eines Menschen mit der Größe seines Vermögens gleichzusetzen ist. Diese Dinge, von denen der Verstand uns vorgaukelt, es handle sich dabei um langfristige Ziele, die erreicht werden müssen, um glücklich zu sein, sind vergänglich. Wirkliches Glück hingegen wirst Du nur in Deiner Seele finden. Und hier findest Du auch den wirklichen Wert eines Menschen. Unsere Seele verfolgt langfristige Ziele, die Dir tatsächliches Glück bescheren, und wenn Du das erkennst, erreichst Du ein unermessliches Maß an Attraktivität.

**Meine Notizen zum vierten Schlüssel:**

# SCHLÜSSEL 5: Multiplikation

Was wäre nötig, um die Veränderungen zu erreichen, nach denen wir uns sehnen? Was genau steht diesen Veränderungen im Wege? Wir dürfen uns nicht mit unserem Beruf gleichsetzen, sondern mit unserer Seele. Ein Selbstwert, der an Leistung gekoppelt ist, wird uns krankmachen und versperrt den Weg zu Selbstakzeptanz.

**Wir sind getäuscht worden!**
Es kommt darauf an, die Seele zu beflügeln. Eine erfolgreiche, kreative Kultur kommt ohne Konkurrenzdenken aus. Eine erfolgreiche Kultur fragt sich nämlich: *Was kann ICH tun?* Du kannst Teil dieser Kultur sein.
Große Unternehmen, Fabriken und alle anderen materiellen Werte werden nur dann nicht in der Bedeutungslosigkeit versinken, wenn die Seele in ihnen einen bleibenden Beitrag leisten kann. Wenn es eben nicht nur darum geht Leistung zu erfüllen, um Luxus zu erreichen und dem Mammon zu dienen.
Bleiben uns Zweifel, überlegen wir anhand des Wertes *Einfühlungsvermögen*, wie sich unser Handeln auf andere auswirkt.

Großartige Unternehmen bauen wir nur auf, wenn wir die Seelen der Menschen beflügeln.
Du hast bereits gelernt, dass unser Verstand uns die falschen Ziele eintrichtert. Kurzfristige Ziele, die nicht das Potenzial haben, uns langfristig glücklich zu machen – und genau diese Ziele verfolgen die meisten Unternehmen. Großartige Unternehmen hingegen setzen auf langfristige Ziele.
Oft belohnen traditionelle Entgeltsysteme den Verstand und beleidigen die Seele. Dabei geht es um Statussymbole, Macht und An-

erkennung. Deine Seele bleibt auf der Strecke, Du bleibst auf der Strecke, Dein Glück und Deine Zufriedenheit sind durch diese Entgeltsysteme dem Verstand zum Opfer gefallen.

Großzügigkeit und Zeichen von Anerkennung werden von unseren Mitarbeitern gewürdigt und fließen in Form von Leistungssteigerung zu uns zurück. Ein Klopfen auf die Schulter, anerkennende Worte, das tatsächliche *gesehen Werden* fördert uns weit mehr, als jede Provisionszahlung es je könnte. Ein Leistungsdenken kann Dich niemals befriedigen.

Ich habe Dir eine Grafik erstellt, die Dir zeigt, was mit einem Selbstwert geschieht, wenn dieser an Leistung gekoppelt ist.

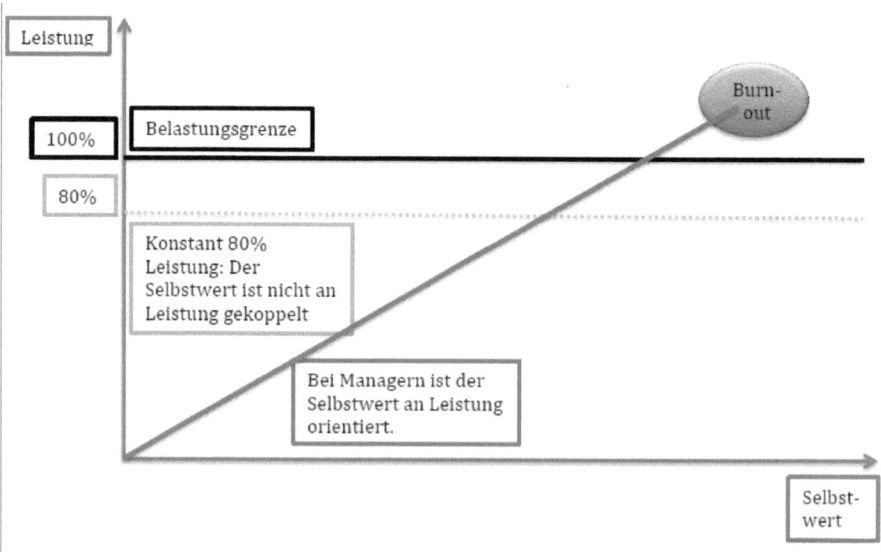

Bei vielen Managern und Arbeitnehmern ist der Selbstwert an ihre Leistung gekoppelt. Sie akzeptieren sich nur bedingt, also nur unter der Bedingung perfekte Leistung erbracht, glorreiche Geschäfte oder Aufträge an Land gezogen haben. Aber wenn dies mal nicht der Fall ist, sinkt ihr Selbstwert. Sie besitzen keine Selbstakzeptanz. Nur in Abhängigkeit ihrer Leistungsfähigkeit, die zum Beispiel ein Unternehmen von ihnen verlangt oder die sie von sich selbst fordern, fühlen sie sich wertvoll, sind sie sich selbst etwas wert. Bei Krankheit oder einem persönlichen Tief sinkt der Selbstwert natürlich ab, da das Leistungsniveau nicht erreicht wird.

Ist das die Gesellschaft in der wir leben wollen? Eine Gesellschaft, in der wir uns lediglich über unser Leistungsniveau definieren? Ist das alles, was uns ausmacht? Was passiert dann mit unserer leistungsorientierten Gesellschaft? Sie wird krank. Schon Kinder lernen in der Schule, dass sie nur bedingt wertvoll sind, nur wenn sie sehr gute Noten bekommen. Eltern koppeln ihre Anerkennung und Wertschätzung an die schulische Leistung, Kinder lernen schnell: *Ich bin nur etwas wert, wenn ich Leistung erbringe.* Ist das gut so? Es ist das beste Depressivum der Welt, das wir uns selbst schaffen, denn schnell kommen wir an unsere Belastungsgrenze; Zeit für unsere Bedürfnisse, für unseren Sinn, für unsere Seele bleibt hinter unserem Leistungsanspruch zurück. Wir selbst bleiben dahinter zurück. Burn-out stellt sich ein, wie eine bedrohliche Gewitterwolke auf dem vermeintlichen Weg zum vollendeten Selbstwertgefühl, und verschließt den Weg zur Selbstakzeptanz. Was tun? Wenn wir uns nur über die Leistung definieren, führt kein Weg am Burn-out vorbei, denn was ist da noch? Wenn wir uns nicht über anderes definieren können, kann der Selbstwert in einer depressiven Krise nicht steigen. Deswegen müssen wir einen Weg da heraus finden, einen Weg zur bedingungslosen Selbstakzeptanz, unabhängig von Leistung.

Viele Menschen verfolgen ein multiplikatives Selbstwertmodell. Sie können sich eingestehen, dass sie zum Beispiel eloquent sind und qualitativ hochwertige Ergebnisse abliefern. Gestehen sie sich aber eine negative Eigenschaft, wie ein schlechtes Zeitmanagement ein, so bewerten sie sich gleich minderwertig, ja sogar so, als seien sie nichts wert. Ihr verinnerlichtes Modell sieht so aus:

▢ x ▢ x ⬤ = **Wert null**

**Eloquenz** x **Qualität** x **schlechtes Zeitmanagement** = **Wert null**

Du musst erkennen, dass das falsch ist. Eine Addition anstelle der Multiplikation bringt hier die Lösung. Du hast bereits eine Mindmap positiver und negativer Eigenschaften erstellt. Du kennst Deine Schwächen und Stärken und befasst Dich damit. Wenn Du fantastische Arbeit leistest, jedoch hier und da eben einige Schwächen hast, so bist Du trotzdem etwas wert. Nur mit dieser Einstellung hast Du die Möglichkeit glücklich zu werden, denn Du akzeptierst Dich dann so wie Du bist. Dabei muss eine positive Eigenschaft nicht automatisch den Wert 1 besitzen. Sie kann auch noch mehr wert, besonders hochwertig sein.

▢ + ▢ − ⬤ = **macht mindestens den Wert 1**

**Eloquenz (1 Punkt)** + **Qualität (1 Punkt)** − **schlechtes Zeitmanagement (1 Punkt)** = **macht mindestens den Wert 1**

Selbstwert und spätere Selbstakzeptanz, ohne Wertung, sind nicht an Leistung gekoppelt. Hältst Du Deine Leistungskurve bei konstanten 80 Prozent, so hast Du ausreichend Platz, Dich selber zu finden. Du hast dann die Kraft und Energie dazu. Und Du erkennst, dass Schwächen Deine positiven Eigenschaften nicht aufheben, denn Deine Selbstakzeptanz ist dann nicht an Leistung gekoppelt, sondern Du weißt wer Du bist, wo Du stehst und akzeptierst dies einfach.

Anstatt nur auf Leistung zu setzen, plädiere ich für ein klares Vier-Säulen-Modell: Die Befriedigung, die innere Zufriedenheit erreichst Du nur durch eine gesunde *Seele*, einen gesunden *Geist*, einen gesunden *Körper* und *Kreativität*. Schwächst Du eine dieser Säulen, beleidigst Du Deine Seele und verbaust Dir den Weg zu Glück und Zufriedenheit und innerer Befriedigung.

Stärke täglich jede dieser Säulen, nimm Dir Zeit für jede, damit Du nicht in den Strudel des Burn-outs und der Seelenzerstörung gerätst.

## Die Liebe Gottes bezeichnen viele als die Kraft, die ihr Leben überhaupt ermöglicht

Der Begriff *Liebe* wird für all das verwendet, was man mag und gern hat.

Als ich vor einiger Zeit beschloss, mich auf die Suche nach Antworten auf derlei Fragen zu machen, kam zuerst die große Ernüchterung: Ich stellte fest, dass so ziemlich jeder etwas über die Liebe zu erzählen wusste, doch die Bandbreite der Antworten auf meine Frage war so groß, dass eine Begriffsbestimmung alles andere als kurz und knapp ausfallen würde. Ich merkte sehr schnell, dass der Begriff *Liebe* ein Wort ist, das die meisten ganz unterschiedlich verstehen.

Genau dies führt automatisch zu vielen Missverständnissen, denn es wird immer nur die Sonnenseite der Liebe betrachtet.


## Wenn der Druck, kurzfristige Erfolge zu erzielen, zu groß wird, nehmen die Menschen Schaden

In unserer heutigen Arbeitswelt ist man sich viel zu wenig der Notwendigkeit bewusst, die Bedürfnisse der Seele zu befriedigen – und die sind alles andere als kurzfristig.

Wie ist es zu dieser Situation gekommen, und wie können wir sie lösen? Ein Beispiel dafür ist, wie sehr wir die Zeit in unserem Leben komprimiert haben. Besonders in Unternehmen beherrschen zwei Zeitmaße unser Leben. Das erste ist das Quartal: Finanzinstitute erwarten, dass Unternehmen alle 90 Tage Rechenschaft über ihre Leistung ablegen. Ist das erledigt, vergehen nicht einmal weitere 90 Tage, und dieselbe Prozedur beginnt von vorn. Alle 90 Tage verrichten wir dieses Ritual und nach einigen Quartalen sind wir zu einem alljährlichen Ritual namens *Jahresabschluss* aufgerufen, der im Geschäftsbericht gefeiert oder gerechtfertigt wird. Das Leben dreht sich um ein Quartal. Unser Arbeitsleben pulsiert also im Rhythmus des Quartals, wodurch eine ganze Generation auf kurzfristiges Denken gedrillt wurde – und viele Menschen aus dieser Generation bekleiden heute leitende Positionen.

**Gelten Menschen oder Güter als unantastbar, wird die inspirierte Seele alles tun, um sie zu schützen und zu vervollkommnen**
Wenn von uns eine Entscheidung verlangt wird, sollten Kultur und Werte zu unseren Richtlinien werden, anhand derer wir immer unser Urteil hinterfragen.
Wäre dann nicht jede Vorschrift überflüssig, um die bestmögliche Entscheidung zu treffen?

## Die Wahrheit sagen und Versprechen halten

Nichts gibt uns mehr das Gefühl verraten zu werden, als eine Lüge – dies ist die vorherrschende Erfahrung in einem seelenlosen Unternehmen und in unserem täglichen Leben. Der Mensch lügt am Tag mindestens zwanzigmal. Warum?
Wir wissen, dass wir die Probleme auf unserem Planeten nicht durch Unwahrheiten beheben können. Wir führen Kriege, um die Wahrheit zu schützen, und wir verteidigen den Grundsatz der Wahrheit in unseren Kirchen, unserer Literatur und unserer Verfassung, und dennoch sagen wir im Alltag nur selten wirklich die Wahrheit.
In der Bibel heißt es im achten Gebot: *Du sollst nicht falsch gegen Deinen Nächsten aussagen.* (Exodus 20,16) Was haben wir mit

dem achten Gebot gemacht? Warum erwarten wir von anderen, dass sie die Wahrheit sagen, und tun es doch selber nicht?
Die besondere Ironie liegt darin, dass wir einen Mythos verbreitet haben, nämlich die irrige Vorstellung, dass starke menschliche Bindungen auf der Grundlage fadenscheiniger Täuschungen gedeihen können.

Können Lügen ein guter Nährboden für Harmonie, Respekt, Integrität, Ehrlichkeit, Inspiration, Führungsqualitäten oder Liebe sein? Wie können wir erwarten, mit unlauteren Mitteln auf eine höhere Ebene zu gelangen?
Wir täuschen uns selbst. Warum? Wir lügen, weil uns unser schwaches Selbstbild im Weg steht. Unwahrheit entsteht aus unserer Schwachheit. Unsere Selbstsicherheit und Selbstakzeptanz fehlt, um die Wahrheit zu sagen. Wenn ich mir eingestehe, dass meine Englischkenntnisse für eine perfekte Präsentation nicht ausreichen, muss ich mich nicht in Lügen verstricken und mich unter Druck setzen. Ich akzeptiere es und kann Hilfe annehmen. Ich bin menschlich, so wie wir alle. Lügen führen zu weiteren Lügen und zerfressen uns.
Wenn wir das Gefühl haben, dass uns die Kontrolle entgleitet, bekommen wir Angst, und wenn wir Angst haben, flüchten wir uns in Lügen. Mit Lügen erhalten wir die Illusion aufrecht, wir hätten alles im Griff. Das ist ein typischer Konflikt zwischen Persönlichkeit und Seele.

Auf lange Sicht zahlen sich Lügen nur selten aus, denn auf dem Boden der Lüge kann nichts Gutes gedeihen.
Vielleicht ist das alles darauf zurückzuführen, dass niemand von uns sich eingestehen will, dass wir verletzlich sind, menschlich sind, Schwächen haben. Wenn wir verletzt sind oder in einem

schwachen, emotionalen Moment ertappt werden, tun wir so, als seien wir stark und hätten alles unter Kontrolle. Wir befürchten, dass uns jedes Eingeständnis und Zeichen von Unvollkommenheit eine Aura der Inkompetenz und des Misserfolgs verleihen könnten. Der Grundstein hierfür wird bereits in der Kinderstube gelegt: Durch die Erziehung unserer Eltern wurde uns eingeflößt stark sein zu müssen. Besinne Dich – wie geläufig sind Dir diese Sätze:

- *Ein Indianer kennt keinen Schmerz.*
- *Bis zur Hochzeit ist alles wieder gut.*
- *Der Klügere gibt nach.*
- *Gefühle bringen dich nicht weiter.*
- *Lass dich nicht hängen!*
- *Gefühle zu zeigen, heißt schwach sein.*

Diese Sätze sagen uns doch nur: *Gib nach, unterdrück das Gefühl, sei stark.* Unsere Eltern sagten nicht *Ja, Du darfst weinen!* oder *Ja, Du darfst verletzt sein!* Stattdessen mussten wir in jüngsten Kindertagen bereits lernen zu lügen. Zu sagen: *Ich bin stark. Ich kann mich zusammenreißen. Ich habe kein Recht und gebe nach.* Das alles sind in diesem Fall Lügen.

Wir halten bis heute jeden Verdacht, wir seien gescheitert, von uns fern und versuchen, uns ein Image der Unverwundbarkeit zuzulegen.

Bereits in der Kinderstube muss es beginnen. Wir müssen unseren Kindern beibringen, dass Gefühle zu zeigen bedeutet Stärke zu zeigen. Bereits unsere Kinder müssen lernen keine falschen Gefühle oder Tatsachen vorzutäuschen. Sie müssen die Möglichkeit erhalten, ihre Gefühle in Worte fassen zu dürfen. Zu erkennen: *Was macht das gerade mit mir? Was fühle ich? Warum fühle ich so?*

*Wo kommt meine schlechte Laune her? Was brauche ich jetzt? Was unterdrücke ich?* Gefühle sind unser Kompass, sie zeigen uns den Weg, was wir brauchen.

Fragst Du ernsthaft: *Wie geht es Dir?* Nein, ich meine nicht die Floskel: *Hallo, wie geht's?* Da geht es nur darum gefragt zu haben. Aber die Antwort *Schlecht, ich trauere um meinen Partner und weiß nicht, wie es weitergehen soll*, die will doch niemand hören. Damit können wir nicht umgehen, wir haben es nicht gelernt.
Hörst Du zu? Willst Du wirklich wissen, was Deine Mitmenschen empfinden? Zeige es ihnen. Ich möchte an dieser Stelle noch einmal den Gefühlsstern in Dein Gedächtnis rufen.

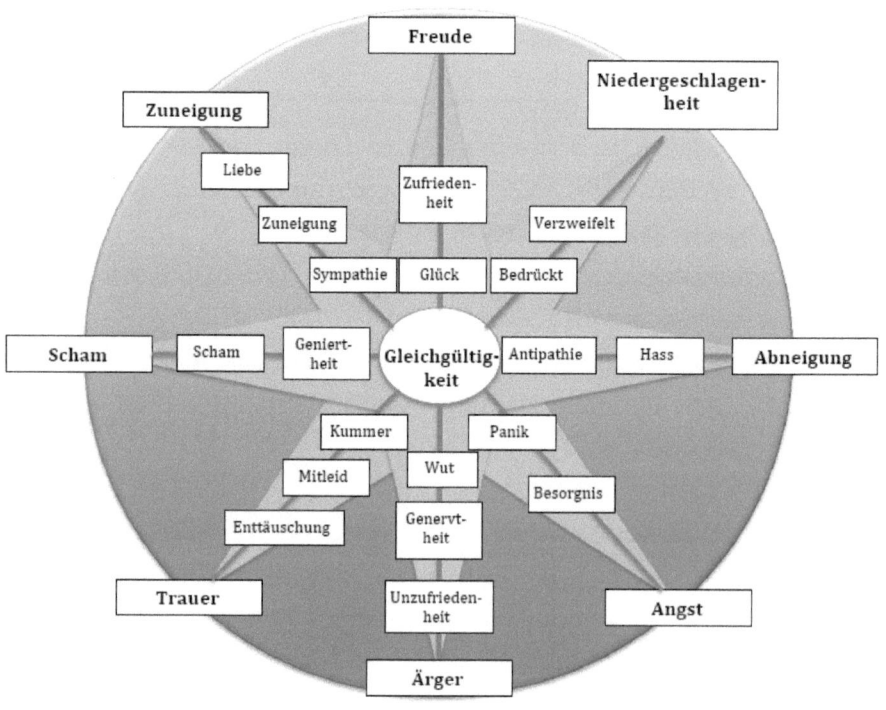

Jedes einzelne Gefühl ist es wert erhört zu werden. Beginnen wir also damit, die größte Lüge aus unserem Leben zu verbannen: Stehen wir zu unseren Gefühlen und zeigen wir, dass wir schwach sein können, denn das zeichnet wahre Stärke und Größe aus.

**Nach dem *Warum* fragen**
Ist es bequemer, die materiellen Annehmlichkeiten zu bewahren, die wir bisher im Leben erreicht haben? Fragen wir so lange nach dem *Warum*, bis unsere Seele die Antwort gibt.

**Lügen schaden der Seele**
Lug und Trug können selbst die höchsten Ideale untergraben.
Die ersten Olympischen Spiele fanden 776 v. Chr. in Olympia zu Ehren des himmlischen Herrschers und Göttervaters Zeus statt. Im Jahr 393 n. Chr. schaffte Kaiser Theodosius I. die Spiele ab, weil das Ausmaß des Betrugs untragbar geworden war.
Erst 1896 wurden die Olympischen Spiele wieder eingeführt. Angesichts des Pseudoamateurstatus vieler Sportler, der bei den modernen Spielen offensichtlich ist, und angesichts des zunehmenden Dopingmissbrauchs fragt man sich, ob wir uns ein zweites Mal als unfähig erweisen werden, die Integrität der olympischen Idee zu wahren.

**Wir haben die unbegrenzte Macht eine Wahl zu treffen**
Jeden Tag müssen wir von Neuem zwischen Möglichkeiten wählen, wie weit wir in unserer persönlichen Entwicklung gekommen sind, wie viel Wahrheit wir auf unserem Weg gelernt und entdeckt haben.

Wir haben die unbegrenzte Macht eine Wahl zu treffen und wir machen von dieser Macht auch jeden Tag Gebrauch, indem wir entweder den Anregungen der Persönlichkeit oder der Seele folgen.
Wenn wir lernen unsere Bedürfnisse und Gefühle zu unterdrücken, dann verlernen wir den Sinn des Lebens.


## Das Leben planen mit dem, was im Herzen brennt

Eine Vision ist etwas, das in meinem Herzen brennt und wofür ich mein Leben hingeben will.
Eine Vision ist ein lebendiges, brennendes Bild von einer Ist-Situation der Zukunft, die heute noch keine sichtbare Realität ist und von anderen Menschen nicht so ohne Weiteres gesehen und beurteilt werden kann.

Die meisten Menschen planen ihr Leben entsprechend ihrem Geldbeutel und kommen daher nie weiter. Plane Dein Leben doch in Übereinstimmung mit dem, was in Deiner Seele brennt, und lass es zu. Materielles folgt immer dem Verstand und gaukelt uns falsches Glück vor, das nicht lange währt.


**Die Welt ist nicht interessiert an *religiösen Leuten***
Wenn wir das Evangelium in seiner ganzen positiven Auswirkung auf die Menschen hier auf der Erde erleben möchten, dann müssen wir die vielen verkleideten religiösen Geister – die sich im Leib Christi tummeln (sehr oft in einem *geistlichen Mäntelchen* verkleidet) – entlarven und austreiben.

Ja, es stimmt: Die Welt ist nicht interessiert an *religiösen Leuten*, die sich *Christen* nennen und sich komisch benehmen, sondern die Welt wartet sehnsüchtig auf das Offenbarwerden von *Christen* (den neue Menschen auf dieser Erde).
Auf diese Art von Mensch wartet die Welt schon seit 2000 Jahren. Wir sind die Problemlöser. Du und ich haben die Möglichkeit, den Menschen das zu geben, worauf sie nun schon so lange warten: das Erkennen der Seele, das Erkennen des Herzens und das Ausschalten des Verstands, der durch materielle Dinge getrieben ist.

## Unsere Seele sehnt sich nach der tröstlichen Wärme der Wahrheit

Wenn wir das Vertrauen verlieren, weil wir der Wahrheit den Rücken gekehrt haben, leidet die Seele. Sie leidet unter dem Verrat, der mit Lügen geübt wird, und sehnt sich nach der tröstlichen Wärme der Wahrheit.

### Eine Seele, ein Lohn
All dies hat natürlich große Auswirkungen auf die Menschen. Vertrauen bauen wir nur dann auf, wenn wir die Seele der Menschen beflügeln.

### Glauben kann man nicht befehlen
Viele Christen haben anderen Christen immer wieder gesagt: *Du musst mehr glauben, dann wirst Du geheilt, Du musst mehr glauben, dann wird Deine Ehe gesund, Du musst mehr glauben, dann ... Du musst, Du musst ...*

Glauben kann man nicht befehlen, schon gar nicht jemandem, der gar nicht weiß, wer er ist. Aber Glauben hat einen Effekt, ähnlich wie bei Patienten, die mit Placebos geheilt wurden. Man konnte ihnen nicht sagen: *Du musst an das Mittel glauben, dann wirkt es.* Du musst nicht glauben. Glauben ist eine Entscheidung, die Du treffen kannst, und dazu zählt natürlich auch Deine Akzeptanz, dass Du hinnehmen kannst auch scheitern zu dürfen.

Glauben besitzt eine enorm große Kraft. Ich möchte Dir die Macht des Glaubens anhand des Placebo-Effekts beschreiben.
Viele sagen: *Was bringt mir der Glaube an Gott? Nichts!* Doch da liegen sie falsch. Glaube kann Berge versetzen.
Du kennst die Auswirkung von positiven Nachrichten auf Deine Befindlichkeit. Stell Dir vor, Du bist beim Arzt. Wenn dieser Dir ein Medikament verschreibt, mit den Worten: »Dieses Medikament ist das beste und teuerste und steht in Bezug auf Ihre Krankheit derzeit auf dem Markt ganz oben. Ohne Nebenwirkungen erreicht man damit eine fantastische Wirkung«, so wird die Wirkung bei Dir auch sehr stark sein und schnell einsetzen. Diese Wirkung wird noch verstärkt, wenn der Arzt sich mit Deiner Situation ehrlich befasst und intensiv beschäftigt. Wird Dir hingegen ein Medikament verschrieben, bei dem Dir vermittelt wird, dass die Liste der Nebenwirkungen sehr lang sei und die gewünschte Wirkung vermutlich nicht sehr schnell eintreten werde, wenn überhaupt, aber Du keine andere Wahl hättest, wird das Medikament Dein Wohlbefinden nicht schnell oder vielleicht gar nicht verbessern.
Der Placebo-Effekt ist wissenschaftlich belegt. Nicht nur vorgetäuschte Medikamente rufen dabei eine Heilung hervor, sondern auch Operationen wurden simuliert und damit große Erfolge gefeiert. In Houston, Texas, wurden 120 Patienten wegen Knie-Arthrose operiert. 60 davon erhielten nur oberflächliche Schnitte und bei 90 Prozent dieser oberflächlichen und vorgetäuschten

Operationen stellte sich innerhalb der nächsten zwei Jahre eine deutliche Verbesserung ein.

Allein der Glaube an das Medikament oder an die Effektivität der Behandlung entscheidet über den Erfolg. Der Placebo-Effekt macht sich den Zusammenhang von Geist und Körper zunutze und zeigt uns, wie stark die geistige und seelische Kraft ist, etwas wirken zu lassen – oder eben auch nicht.

Bereits Sokrates wusste, dass die Verabreichung eines Medikaments und die Art, wie man mit einem Patienten umgeht, wichtiger sind, als das Mittel selbst.

Von einem ganz beeindruckenden Fall, bei dem ein Placebo-Effekt eintrat – oder in diesem Fall der sogenannte *Nocebo-Effekt* (der Name kommt daher, dass man Patienten mit Placebos behandelt, denen man eine schädliche Wirkung zuspricht, also mit vielen Nebenwirkungen) – las ich vor einigen Jahren in der FAZ. Ein junger Mann wollte sich aus Liebeskummer das Leben nehmen. Er schluckte 29 Kapseln eines vermeintlichen Antidepressivums in der Absicht zu sterben. Ein Freund fand ihn bewusstlos in seiner Wohnung, er atmete kaum noch, war kaltschweißig und der Puls war nicht spürbar. Er rief den Krankenwagen und die Ärzte auf der Intensivstation pumpten dem Mann den Magen aus. Sein Mageninhalt bestand aus Traubenzucker; es war den Ärzten unbegreiflich, wie der Patient aufgrund von Traubenzucker seine lebenserhaltenden Funktionen einstellen konnte. Doch die Antwort lag auf der Hand: allein der Glaube, durch das Nocebo, das vermeintliche Antidepressivum sterben zu müssen, führte zur Herabsetzung der Lebensfunktion, die Atmungsfrequenz sank und die Herzschlagrate war reduziert.

Beispiele wie diese gibt es wie Sand am Meer. Du musst lernen, im Einklang mit den Prinzipien der Schöpfung zu arbeiten. Glaube kann mit der unendlichen Weisheit des Unterbewusstseins Wunder geschehen lassen. Es gibt eben Wirkstoffe, die wir über den Körper aufnehmen können. Aber viel wirksamere Wirkstoffe, die wir über Kanäle aufnehmen, die sich der Wissenschaft noch nicht erschlossen haben, müssen wir oft erst noch erkennen.

## Viele Menschen haben Träume

Es lohnt sich visionär zu denken, zu handeln und zu leben. Es lohnt sich, den Nutzen für andere Menschen in den Vordergrund zu stellen.

Und dann kommt noch etwas hinzu, für den Fall, dass auch Dir – wie bereits vielen anderen Menschen – dies wichtig ist: Wenn Deine Visionen überwiegend egoistisch sind, dann sind sie sicher nicht von Gott, denn Gott ist Liebe und da ist kein Egoismus in ihm. Wenn Du auf die Hilfe Gottes in Deinem Leben Wert legst, dann solltest Du in diesem Falle Deine Visionen nochmals überdenken.

Gott unterstützt Egoismus nicht. Gott geht es um den Nächsten: *Amen, ich sage Euch: Was ihr für einen meiner geringsten Brüder getan habt, das habt ihr mir getan.* (Mt 25, 40)

In jedem Deiner Mitmenschen kannst Du Gott sehen und erkennen. Egoismus hingegen dient allein dem Selbstzweck. Langfristig wird er Dich einsam machen. Wenn Du aber auf andere achtest, wirst Du dauerhaft glücklich, denn das gibt Deiner Seele viel mehr.

## Ausschnitt Evangelium Mt 25, 35 – 45

*35 Denn ich war hungrig, und ihr habt mir zu essen gegeben; ich war durstig, und ihr habt mir zu trinken gegeben; ich war fremd und obdachlos, und ihr habt mich aufgenommen;*

*36 ich war nackt, und ihr habt mir Kleidung gegeben; ich war krank, und ihr habt mich besucht; ich war im Gefängnis, und ihr seid zu mir gekommen.*

*37 Dann werden ihm die Gerechten antworten: Herr, wann haben wir Dich hungrig gesehen und Dir zu essen gegeben, oder durstig und Dir zu trinken gegeben?*

*38 Und wann haben wir Dich fremd und obdachlos gesehen und aufgenommen, oder nackt und Dir Kleidung gegeben?*

*39 Und wann haben wir Dich krank oder im Gefängnis gesehen und sind zu Dir gekommen?*

*40 Darauf wird der König ihnen antworten: Amen, ich sage Euch: Was ihr für einen meiner geringsten Brüder getan habt, das habt ihr mir getan.*

*41 Dann wird er sich auch an die auf der linken Seite wenden und zu ihnen sagen: Weg von mir, ihr Verfluchten, in das ewige Feuer, das für den Teufel und seine Engel bestimmt ist!*

*42 Denn ich war hungrig, und ihr habt mir nichts zu essen gegeben; ich war durstig, und ihr habt mir nichts zu trinken gegeben;*

*43 ich war fremd und obdachlos, und ihr habt mich nicht aufgenommen; ich war nackt, und ihr habt mir keine Kleidung gegeben; ich war krank und im Gefängnis, und ihr habt mich nicht besucht.*

*44 Dann werden auch sie antworten: Herr, wann haben wir Dich hungrig oder durstig oder obdachlos oder nackt oder krank oder im Gefängnis gesehen und haben Dir nicht geholfen?*

*45 Darauf wird er ihnen antworten: Amen, ich sage Euch: Was ihr für einen dieser Geringsten nicht getan habt, das habt ihr auch mir nicht getan.*

# Das Prinzip der Liebe

Der Begriff *Liebe* wird in der Umgangssprache ganz anders eingesetzt, als er in seinem Ursprung gemeint ist:
Lieben heißt, das Gute und das Schlechte zu akzeptieren, das Helle und Dunkle, das Ehrliche und das Unehrliche, das Nette und das Böse, das Schöne und das Hässliche, den Erfolg und den Misserfolg, alles so anzunehmen, wie es ist, sich damit zu verbinden und sich ihm zuzuwenden. Liebe heißt den Partner anzunehmen wie er ist, diesen mit seinen Schwächen und Stärken zu akzeptieren.
Liebe ist weder gut noch schlecht, Liebe *ist* einfach.
Liebe ist kein Problem, aber auch keine Lösung. Liebe wertet nicht und ist gleichermaßen in jeder Bewertung enthalten. Liebe hat kein Ziel, dennoch ist Liebe das Ziel, das schon längst erreicht und vorhanden ist. Wenn es uns um die Liebe zu anderen geht, dann ist alles gut. Liebende haben die Gabe die Welt immer mit etwas besseren Augen zu sehen.
Liebe ist der Grund für alles, daher kann Liebe selbst keinen Grund haben. Liebe ist die stärkste Energie im Universum, die allem innewohnt.
Liebe ist das Grundprinzip allen Lebens, daher ist es nicht möglich, gegen dieses Prinzip zu verstoßen. Wenn Du liebst, dann akzeptierst Du Dich und Deinen Mitmenschen und nimmst ihn an – so wie Du Dich annimmst.

## Der Mensch ist nicht allein Persönlichkeit und Ego, sondern ein beseeltes Individuum

Alle Methoden zielen darauf ab, Persönlichkeit und Ego zu verfeinern. Aber was geschähe, wenn wir dieses abgenutzte Paradigma durch ein neues Verständnis des Menschen ersetzten, das ihn nicht allein als Persönlichkeit und Ego ansieht, sondern auch als beseeltes Individuum?

## Das Wichtigste aus Schlüssel 5:

Du erkennst, dass es darauf ankommt, die Seele zu beflügeln. Eine erfolgreiche, kreative Kultur kommt ohne Konkurrenzdenken aus. In einer erfolgreichen Kultur fragst Du Dich: *Was kann ICH tun?*

Großartige Unternehmen bauen wir nur auf, wenn wir die Seele der Menschen beflügeln. Große Unternehmen, Fabriken und alle anderen materiellen Werte werden nur dann nicht in der Bedeutungslosigkeit versinken, wenn die Seele in ihnen einen bleibenden Beitrag leisten kann. Wenn es eben nicht nur darum geht Leistung zu erfüllen, um Luxus zu erreichen. Genauso sieht es eben auch bei zwischenmenschlichen Beziehungen aus: Großzügigkeit und Zeichen von Anerkennung werden von unseren Mitarbeitern gewürdigt und fließen in Form von Leistungssteigerung zu uns zurück. Ein Klopfen auf die Schulter, anerkennende Worte, das tatsächliche *gesehen Werden* fördert uns weit mehr, als jede Provisionszahlung es tun kann. Leistungsdenken kann Dich niemals befriedigen.

In welcher Gesellschaft willst Du leben? Einer Gesellschaft, in der erwartet wird, dass Du Leistung erbringst und nur dann ein guter Mensch bist, der etwas von sich halten kann, wenn Du diese Leistung erbringst?

Akzeptiere Dich wie Du bist, verinnerliche das additive Modell und erkenne, dass Schwächen Deine positiven Eigenschaften nicht aufheben. Deine Selbstakzeptanz ist nicht an Leistung gekoppelt. Du weißt wer Du bist, wo Du stehst und akzeptierst dies einfach.

Die Befriedigung, die innere Zufriedenheit erreichst Du nur durch eine gesunde Seele, einen gesunden Geist, einen gesunden Körper und Kreativität. Schädigst Du diese Säulen, verbaust Du Dir den Weg zu Glück und Zufriedenheit und einer inneren Befriedigung.

In unserer heutigen Arbeitswelt ist man sich viel zu wenig der Notwendigkeit bewusst, die Bedürfnisse der Seele zu befriedigen – und die sind alles andere als kurzfristig. Wenn von uns eine Entscheidung verlangt wird, sollten Kultur und Werte zu unseren Richtlinien werden, anhand derer wir immer unser Urteil hinterfragen. Zu diesen Werten gehört auch die Wahrheit. Lass Dich nicht täuschen von der irrigen Vorstellung, dass starke menschliche Bindungen auf der Grundlage fadenscheiniger Täuschungen gedeihen können. Lügen können kein Nährboden für Harmonie, Respekt, Integrität, Ehrlichkeit, Inspiration, Führungsqualität oder Liebe sein.

Am Anfang einer jeden Lüge steht doch eigentlich nur ein schwaches Selbstbild. Stärke Deine Selbstsicherheit und Selbstakzeptanz, dann wirst Du ganz leicht die Wahrheit sagen können. Wenn wir verletzt sind oder in einem schwachen Moment ertappt werden, tun wir so, als seien wir stark und hätten alles unter Kontrolle. Höre Dir zu und höre Deinen Mitmenschen zu, denn jedes einzelne Gefühl ist es wert erhört zu werden. Beginne also damit, die größte Lüge aus Deinem Leben zu verbannen: Stehe zu Deinen Gefühlen und zeige, dass Du schwach sein kannst, denn das zeichnet wahre Stärke und Größe aus.

Jeden Tag müssen wir von Neuem zwischen Möglichkeiten wählen, wie weit wir in unserer persönlichen Entwicklung gekommen sind, wie viel Wahrheit wir auf unserem Weg gelernt und entdeckt haben. Wenn wir lernen unsere Bedürfnisse und Gefühle zu unterdrücken, dann verlernen wir den Sinn des Lebens. Plane Dein Leben mit dem, was in Deiner Seele brennt, und lass es zu. Materielles folgt immer dem Verstand und gaukelt uns falsches Glück vor, das nicht lange währt.

Du hast die Möglichkeit, den Menschen das zu geben, worauf sie schon sehr lange warten: das Erkennen der Seele, das Erkennen des Herzens und das Ausschalten des Verstands, der durch materielle Dinge getrieben ist. Du belügst sie nicht mit einer hochtrabenden Firmenphilosophie, die vorgaukelt Macht und Ruhm seien die erstrebenswerten Ziele des Lebens. Wenn wir das Vertrauen verlieren, weil wir der Wahrheit den Rücken gekehrt haben, leidet die Seele. Dabei ist es die Seele, die die einzige Wahrheit ist und die Wahrheit spricht.

In jedem Deiner Mitmenschen kannst Du Gott sehen und erkennen. Egoismus hingegen dient allein dem Selbstzweck. Langfristig wird er Dich einsam machen. Wenn Du aber auf andere achtest, wirst Du dauerhaft glücklich, denn das gibt Deiner Seele viel mehr. Und dabei bedeuten Achtung und Lieben das Gute und das Schlechte zu akzeptieren, das Helle und Dunkle, das Ehrliche und Unehrliche, das Nette und das Böse, das Schöne und das Hässliche, den Erfolg und den Misserfolg, alles so anzunehmen, wie es ist, sich damit zu verbinden und sich ihm zuzuwenden. Liebe heißt die Menschen anzunehmen wie sie sind, sie mit Schwächen und Stärken zu akzeptieren.

Alle aktuellen Methoden zielen darauf ab, Persönlichkeit und Ego zu verfeinern. Du hast die Möglichkeit, dieses abgenutzte Paradigma durch ein neues Verständnis des Menschen zu ersetzen. Du kannst es: den Menschen nicht allein als Persönlichkeit und Ego ansehen, sondern auch als beseeltes Individuum.

**Meine Notizen zum fünften Schlüssel:**

# SCHLÜSSEL 6: Zuhören

Wer oder was verhindert eine Veränderung – wir selbst oder die Außenwelt? Unsere Persönlichkeit oder unsere Seele?

Unsere Persönlichkeit ist das, was nach außen hin von uns sichtbar ist; die Prägung unserer Persönlichkeit erfolgt durch Gene, Eltern und Lebenserfahrung. Wir dürfen uns nicht über die Früchte wundern, die das trägt: Welche Anstöße kommen aus meiner Persönlichkeit? Welche Anstöße kommen aus meiner Seele? Welchem dieser Anstöße werde ich nachgehen? Der Weg eines Pioniers ist voller Gefahren.

Wir haben die Bedürfnisse der Persönlichkeit in einem Maße erfüllen gelernt, das unsere kühnsten Träume übertrifft. Es ist Zeit für ein Qualitätsprogramm für die Menschen.
Unsere Persönlichkeit ist auf die Befriedigung von Bedürfnissen ausgerichtet. Wie ist es zu dieser Situation gekommen? Wie können wir sie meistern? Indem wir Kraftstoff für die Seele tanken!
In der Geschichte gibt es bislang kein Beispiel dafür. Die Auswirkungen auf uns haben eine atemberaubende Perspektive.

Wenn Du Dich fördern möchtest, dann musst Du lernen zuzuhören, nicht hinzuhören. Du musst lernen, auf Deine Seele zu hören. Nur dann schlägst Du den Weg zur Selbstentfaltung ein. Genauso sieht es mit Deinen Mitmenschen aus. Du kannst sie nur fördern, indem Du zuhörst und nicht nur hinhörst und hinsiehst. Die Seele zeigt Dir den wahren Menschen, nicht die Hülle, der Körper, die Statussymbole und die Macht. Diese Dinge versucht der Verstand uns als erstrebenswertes und wichtiges Ziel vorzugaukeln. Doch

Du musst lernen zuzuhören, anstatt hinzuhören, zu erkennen was die Seele sagen will. Welche Ziele hat sie? Welche Ziele hast Du? Was macht Dich wirklich glücklich?
Es wird Dir nicht auf Anhieb klar werden, was Du eigentlich erreichen willst. Vieles scheint verlockend und erstrebenswert, doch handelt es sich dabei um Deine Ziele? Oder die Deiner Eltern, Freunde, Deines Unternehmens und der Gesellschaft? Was möchtest Du wirklich erreichen und was führt Dich auf den Weg zu langfristigem Glück? Nur Dein seelischer Antrieb gibt Dir die Kraft, langfristige Ziele zu erreichen. Und wenn Du weißt, wie Du Deinen persönlichen Zielen auf die Spur kommst, dann kannst Du diese auch in anderen fördern.

**Betrachte Deine Ziele aus verschiedenen Perspektiven mit den folgenden Übungen:**
Betrachte zu Beginn Dein Leben. Welche Lebensbereiche gibt es und welche Rolle spielst Du darin? Ich habe Dir zwei Grafiken erstellt, die Dir bei der späteren Übung hilfreich sein können.

Welche Rollen übernimmst Du in den einzelnen Lebensbereichen?

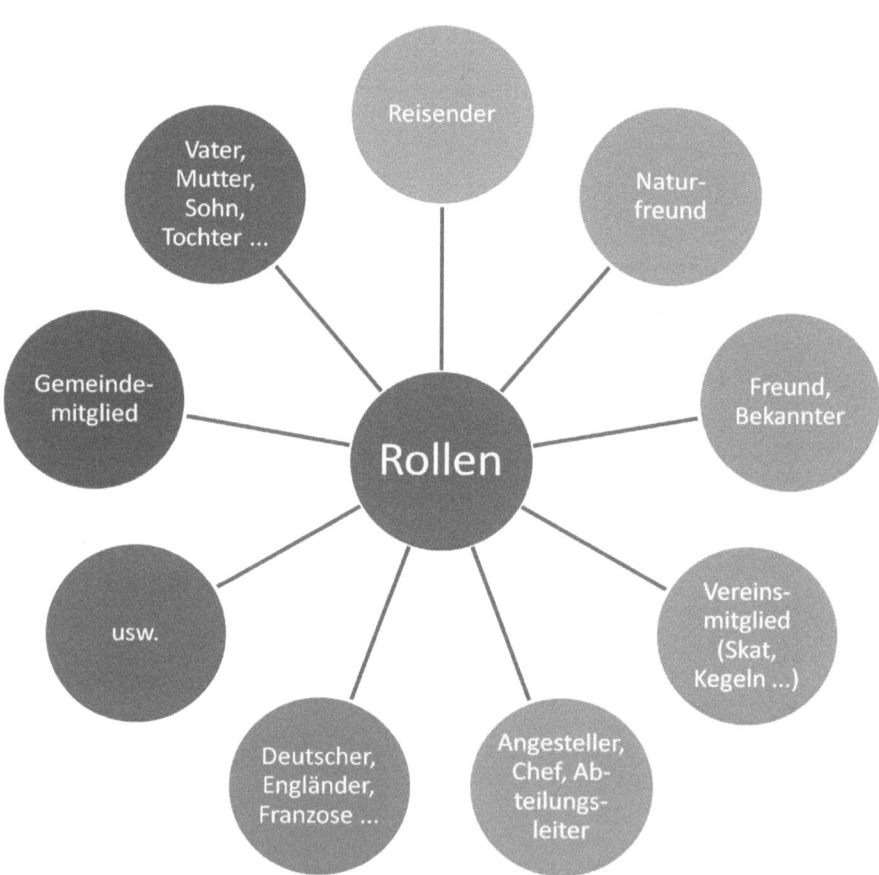

Nun bist Du an der Reihe: Welche Lebensbereiche füllst Du aus und welche Rolle übernimmst Du oder wird Dir vielleicht sogar aufgezwängt? Was erwartest Du in diesem Bereich von Deinem Leben? Fühlst Du Dich hier erfüllt? Ansonsten musst Du darüber nachdenken, welche Ziele es nun zu erfüllen gilt. Gibt es Lebensbereiche und Rollen, die Du in naher Zukunft gerne zu Deinem Leben hinzufügen möchtest?

Für diese Übung solltest Du Dich an einen ruhigen Platz zurückziehen und Dir mindestens 20 Minuten Zeit nehmen. Folgende Anleitung wird Dir helfen:

1. Schreibe alle Bereiche Deines Lebens auf.
2. Schreibe alle Rollen Deines Lebens auf.
3. Was bedeuten Dir diese Funktionen und Lebensbereiche? Geht es Dir in ihnen gut? Siehst Du einen Sinn in ihnen?
4. Bereiche, in denen Du zufrieden bist, kreist Du grün ein. Bereiche, in denen Du eher unzufrieden bist oder die Du dringend ändern willst, hebst Du rot hervor.
5. Gibt es Lebensbereiche, in denen Veränderungen anstehen und bei denen Du deshalb nicht genau sagen kannst, wie Du sie einschätzt? Dann markiere diese mit einem Fragezeichen. Und mach Dir klar, inwieweit Du für Dich selbst eine Rolle spielst – wie viel Zeit am Tag gehört nur Dir, Deiner Seelenerforschung?

Du erhältst durch dieses Bild Klarheit über Deine Ist-Situation und die Bedeutung Deiner einzelnen Lebensbereiche. Ich empfehle Dir, Ziele immer schriftlich festzuhalten. Wenn Du Ziele aufschreibst, so wird aus den Gedanken in Deinem Kopf etwas Materielles, Greifbares. Hierzu können Dir folgende Fragen helfen:

1. Was will ich behalten?
2. Was will ich nicht mehr?
3. Was will ich können?
4. Was ist mir wichtig?
5. Welche Fähigkeiten will ich ausbauen?
6. Welche Fähigkeiten will ich fördern oder gar aneignen?

Besonders dann, wenn Deine Liste an Zielen nun sehr lang ist, solltest Du Prioritäten setzen und Dir Zeit lassen. Du musst Dich für die wichtigsten Ziele entscheiden, um Dich nicht zu überfordern, und dafür andere vielleicht loslassen – zumindest für den Moment. Du kannst sie wieder aufgreifen, wenn es an der Zeit ist.
Wähle zunächst die drei wichtigsten Ziele. Um dies zu schaffen, kannst Du Deine Ziele zunächst nach dem Grad der Wichtigkeit sortieren. Du musst keine Angst davor haben, dass Du Dich falsch entscheidest.
Um Klarheit über Deine eigenen Ziele zu bekommen, musst Du einen Weg gehen. Es ist ein Prozess, der Tage, Wochen, Monate oder Jahre dauern kann. Setzt Du morgen Deine Prioritäten anders, so tust Du das eben. Deshalb bist Du kein Mensch ohne Rückgrat, sondern einfach flexibel. Schaffe Distanz zum Bekannten, eröffne Dir selbst neue Wege. Du darfst Deine Meinung auch ändern und das ist ein ganz besonderer Bestandteil in dem Prozess zu lernen – das ist das Leben.
Wenn Du Deine Ziele erkannt hast und weißt, wie man danach fragt, dann kannst Du auch andere nach ihren Zielen fragen und wirst diese erkennen. Und Du wirst wissen, welche Ziele tatsächlich wichtig sind im Leben und kannst somit Deine Mitmenschen fördern und unterstützen auf dem Weg zu den wahren, den langfristigen Zielen, die nicht kurzfristiges Glück, sondern eine tiefe innere Zufriedenheit schaffen – doch dazu musst Du eben *zu*hören und nicht *hin*hören.

# Menschenfreundlichkeit

Menschen mit Einfühlungsvermögen versetzen sich in die Lage anderer, schlüpfen in ihre Haut und erkennen, dass das die Grundvoraussetzung für den Aufbau von Beziehungen ist. Sie machen sich die Mühe, Fragen zu stellen:
Ist das, was ich tue, gut für die Menschen? Ist es wahrhaftig? Nimmt es Rücksicht auf die Seele? Ist es mutig? Akzeptiert es jedes Individuum ganz nach seinen Bedürfnissen?

**Jeden Tag beeinflussen wir die Biochemie unserer Mitmenschen und lösen dabei Glück oder Trauer, Freude oder Depression aus, fördern Mittelmäßigkeit oder Größe**
Obwohl wir es nur selten erkennen, ist jeder Einzelne von uns ein Alchemist. Wir haben alle die Macht, die Seele der anderen zu heilen oder zu verletzen – mit jedem Wort, das wir sagen und mit jeder Geste. Ein Lächeln kann sowohl Kriege als auch den Freitod verhindern, weil Du dem anderen damit zeigst, dass er wichtig ist. Lächeln und Lachen sind die ansteckendsten Gesten der Welt und ein großes Geschenk. Sei Dir darüber bewusst, was ein Lächeln von Dir im anderen bewirken kann!


## Die Macht der Gewohnheit
*Sage mir, wem Du zuhörst, und ich sage dir, wer Du bist.* – Im anderen erkennen wir uns immer wieder. Wir erkennen unsere eigenen Schwächen und Vorlieben. Du bringst in dem anderen immer das zum Schwingen, was du selbst denkst, über Deine eigene Geschichte, Dein Sein.

Wir müssen hier eines bedenken: Alles, was wir im Leben tun, sprechen, denken … ist ein Samenkorn und reproduziert ganz nach seiner Art. Unbedachte Worte können töten, etwas sterben lassen. Unbedachte Worte sind schlimmer als körperliche Verletzungen. Sie sind nicht wieder rückgängig zu machen und haben damit eine ganz besondere Kraft, die uns bewusst sein muss, im negativen wie natürlich auch im positiven Sinne. Mit dem was wir sagen, wie wir denken, sprechen und handeln, können wir eine fabelhafte Flora erblühen lassen oder eine für immer lebensfeindliche Umgebung schaffen, die es nicht mehr zulässt, dass etwas gedeiht. Daher können wir uns nie damit entschuldigen: *Ich habe das ja gar nicht gewollt.* Es war unser Samenkorn, auch wenn wir unbewusst Negatives gesät haben.

Unsere Gewohnheiten sind Samenkörner, fallen uns aus der Hosentasche, ohne dass wir es merken. Welche Samenkörner bestimmen noch über unsere Zukunft?

Wenn Du Zeit in Deinen Ehepartner investierst (also positive Saat), dann wird auch Deine Ehe und Familie Bestand haben und glücklich bleiben. Die Kommunikation ist eine Säule einer gut funktionierenden Ehe.

Der amerikanische Psychologe John Gottmann hat Kommunikationssünden einer Ehe erstellt, die jede Beziehung dauerhaft ruinieren. Gottmann bezeichnet diese vier Punkte als die *vier apokalyptischen Reiter*. Diese bestehen aus:

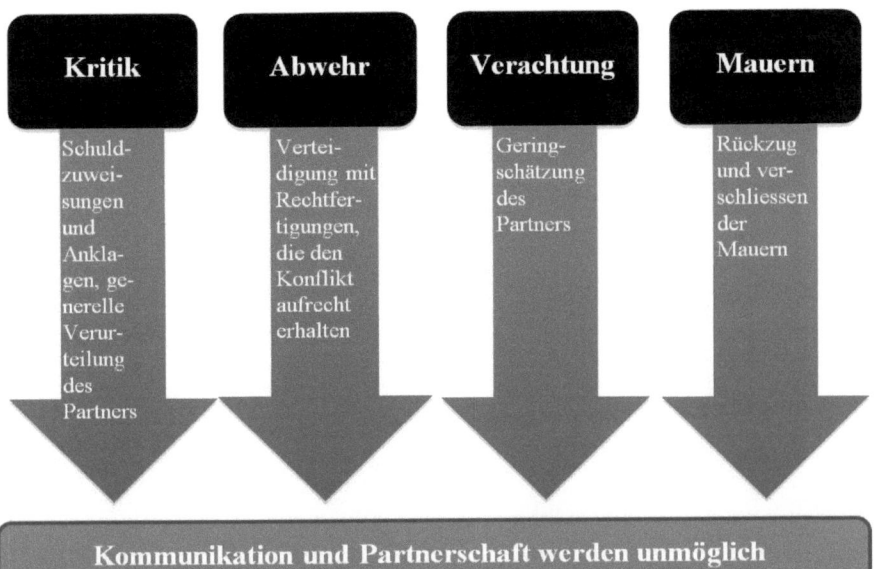

Du musst also Zeit in Deine Partnerschaft investieren. Kommunikation und aktives Zuhören sind entscheidend. Gottmann erstellte darüber hinaus die Theorie des Verhältnisses *fünf zu zwei*: Wenn Du es schaffst fünfmal am Tag mit deinem Partner positiv zu kommunizieren, bleibt die Beziehungsqualität stabil, wenn demgegenüber höchstens zweimal am Tag kritisiert wird. Hältst Du dieses Verhältnis ein? Wenn ja, dann wirst Du aus magischen Momenten Glück, Energie und Kraft schöpfen. Das was Du gibst, kommt auch zu Dir zurück. So ist es mit jeder Beziehung.

Wenn Du Zeit in Deine Kinder investierst (also positive Saat), dann werden Deine Kinder eines Tages (in Deinem Alter) auch für Dich Zeit haben. Wenn Du Zeit mit Ihnen verbringst, orientieren sie sich an Dir. Schlechter Einfluss hat dann keinen Raum, um Deine Kinder zu vergiften, da Du ihr Vorbild bist.

Wenn Du Zeit in Deine Mitarbeiter investierst (also positive Saat), dann werden Deine Mitarbeiter eines Tages Dein Unternehmen erfolgreich führen, auch wenn Du mal nicht mehr so viel arbeiten möchtest. Sie tun es dann nicht des Geldes wegen, sondern weil sie selbst viel von Dir bekommen haben.

So wie Liebe Liebe hervorbringt, bringt Hass Hass hervor und Zeit produziert Zeit und Geld produziert Geld. Ob dir das gefällt oder nicht, ist nicht entscheidend. Ob Du das verstehst oder nicht, ist auch nicht entscheidend. Aber es ist so und funktioniert genau so und das ist ein wunderbares Geschenk, denn es zeigt Dir: Du hast es in der Hand. Du hast die Möglichkeit Liebe zu geben und zu ernten, einen fruchtbaren Boden zu bereiten, auf dem Deine Samen zu einer blühenden Flora heranwachsen.
*Denn was der Mensch sät, das wird er ernten.* (Gal 6, 7b)

# Der Glaube

Viele verwechseln Glauben mit einer Methodik. Diese mag zwar im Verstandesbereich funktionieren, hat aber nichts mit dem Glauben Gottes in uns zu tun. Glauben kann man weder befehlen noch erzwingen. Glaube bedeutet etwas viel Tieferes in uns.
Der Glaube Gottes in mir hat eine automatische Folge. Dem Glauben folgt die richtige Handlung und damit göttliche Ergebnisse.


**Die Grundprinzipien der Natur sind viel einfacher, als manche Spezialisten meinen**
Also, die Natur ist sozusagen im Franchisebusiness. Viele Menschen sind auf der Suche nach einer eigenen Existenz, weil sich der Arbeitsmarkt so radikal verändert und für viele Menschen einfach die Gründung eines eigenen Unternehmens, das selbstständig Machen, die einzige sinnvolle Alternative ist. In Deutschland ist das Thema Franchising (auch ausgehend von den USA) mittlerweile salonfähig geworden. Es gibt viele erfolgreiche Franchisebetriebe.

Also, um das Arbeitsmarktproblem unseres Landes wirklich zu lösen, gibt es folgende seriöse Möglichkeiten, die uns die Natur vorlebt: Man nehme
- a) ein ausgereiftes Franchisepaket,
   verbinde es mit
- b) organisiertem Empfehlungsmarketing,
   verbindet es dann mit dem
- c) Internet,
   fügt dem
- d) die richtige Leadership-Philosophie bei
   und stellt

e) die tägliche Routine der notwendigen Aktivitäten sicher – die Verteilung weiterer Samenkörner, die für den Empfänger entweder Problemlösung oder/und Existenzsicherung bedeuten. Eine tägliche Routine im Multiplikationsprozess.

Und der Erfolg ist gesichert. Einfach, logisch und machbar – für viele Menschen.

## Emotionale Reife

Geld ist nur zweitrangig. Alles spricht dafür, dass mit Gewinnen, die durch Gier und Unehrlichkeit erzielt werden, zwar die Persönlichkeit der Beteiligten belohnt wird, nicht aber ihre Seele.
Wenn Gier und Unehrlichkeit, die beiden Krankheiten der Seele, zusammentreffen, hat das fatale Auswirkungen auf den Gewinn: Psychische Erkrankungen wie die sogenannte *Volkskrankheit* Burn-out sind Folgen. Burn-out bedeutet *ausgebrannt sein*. Die Erkrankten leiden unter einer emotionalen Erschöpfung und haben den Endzustand einer Entwicklungslinie erreicht. Idealistische Begeisterung für die falschen Dinge, die uns der Verstand vorschreibt, führen zu Depressionen oder auch Aggressivität. Diese Erkrankten haben nicht auf ihre Seele gehört, sondern sich vom Verstand leiten und ausbrennen lassen. Körperliche, emotionale und geistige Erschöpfung sind die Folge.
Die erfolgreichsten Menschen mit den wichtigsten und größten Projekten sowie einem riesigen Gehalt sind nicht automatisch die glücklichsten Menschen. Sie verbringen ihre Zeit oft früher oder später in der Psychiatrie, da sie den falschen Dingen hinterherjagen, den kurzfristigen Zielen, die eben nicht glücklich machen. Da

helfen keine teuren Psychopharmaka, sondern einzig und allein die Seelenerforschung; die Entwicklung eines Ohres, das sich nur auf die Seele konzentriert und diese befriedigt, nicht auf den Verstand, Macht, materielle Erfolge und Gier, die Gewinne aus Unehrlichkeit hervorbringen.

Gewinne hingegen, die auf redliche Weise erwirtschaftet werden, beflügeln die Seele und legen den Grundstein für künftige Gewinne.

**Wir haben uns die Überzeugung zu eigen gemacht, dass der Wert eines Menschen mit der Größe seines Vermögens gleichzusetzen ist.**
Ich rede bei Menschen nicht über den Wert. Einen Wert kann man verlieren. Was den Menschen ausmacht ist die Seele.
Doch wir zeigen in unserem Lebensstil und in der Art, wie wir miteinander umgehen – in unserem Auftreten, unseren Werten und Überzeugungen –, dass wir oft nur das sehen, was mit dem bloßen Auge zu erkennen ist, nicht aber, was unsere Seele sehen und wahrnehmen könnte.

Angenommen, wir würden Unternehmen so umgestalten, dass sie die seelischen Bedürfnisse eines Kunden ebenso befriedigen wie die Bedürfnisse seiner Persönlichkeit? Wir können uns kaum vorstellen, welche Auswirkungen dies auf uns persönlich und folglich auch auf die Unternehmen hätte.

**Jede chemisch versursachte Krankheit setzt sich in der Seele fest**
Die Alchemie ist eine Kombination von Chemie, Philosophie und Mystik. Sie wurde im Mittelalter von Menschen praktiziert, die oft

ihr ganzes Leben der Suche nach dem *Stein der Weisen* widmeten, einer Substanz aus Salz, Schwefel und Quecksilber, die man *Elixier* nannte und die angeblich unedle Metalle in Gold verwandeln und ewige Jugend verleihen konnte.

Jetzt ist ein neues Zeitalter der Alchemie angebrochen und Du und ich sind die Alchemisten. Der philosophische Anteil heißt heute *Motivation* und die Mystik besteht in dem unerschütterlichen Glauben an die Größe des Individuums.

Manche Veränderungen im biochemischen System führen zu einer Vergiftung der Seele. Ein zunehmender Teil der Bevölkerung leidet an chemisch verursachten Krankheiten. Jede dieser Krankheiten setzt sich letztlich in der Seele fest. Wenn Dein Körper erkrankt, dann ist es um Deine Seele längst geschehen, denn erst erkrankt Deine Seele, dann der Körper. Und Du wirst ihn auch nicht heilen können, erst dann, wenn Du die seelischen Bedürfnisse erkennst und ernst nimmst. Das heißt auch sich auf diese einzulassen, wenn sie entgegen dem Verstand stehen. Das erfordert Mut – ich weiß nur zu gut, was das bedeutet. Aber es ist heilend, Du wirst es spüren.

Was macht Dich also glücklich?
Ich habe Dir ein Vier-Säulen-Modell erstellt. Wenn du diesen nachgehst, täglich, wirst Du Dein Glück finden. Erst wenn alle diese vier Säulen fest in der Verankerung sind, Du sie also befriedigst, pflegst und hegst, dann kann wahres Glück entstehen.

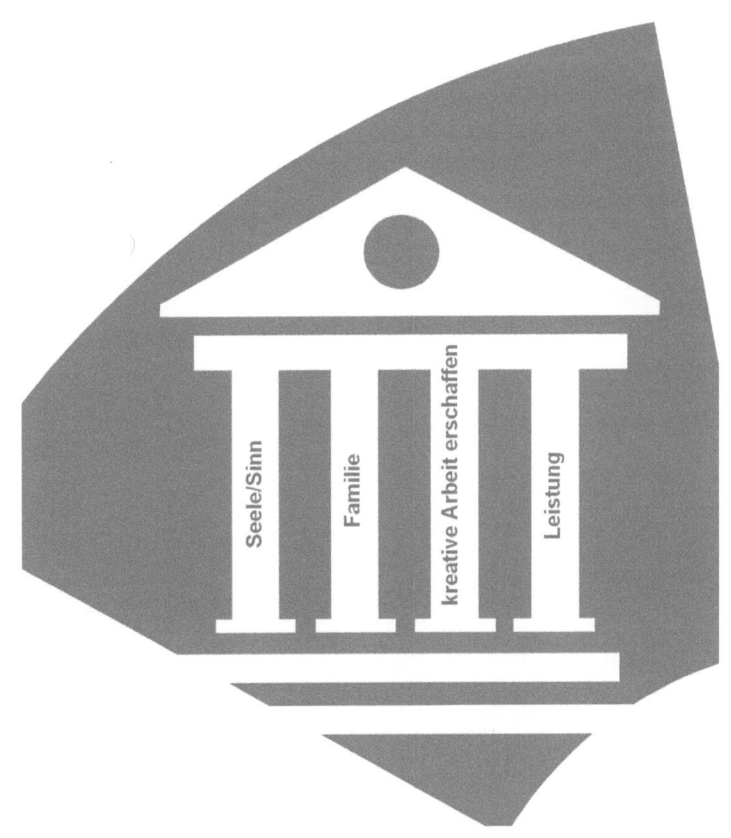

**Wenn wir keine Würde oder keinen Sinn in unserer Arbeit sehen können, müssen wir uns fragen, warum wir sie immer noch verrichten**

Behandle andere so, wie Du auch selbst gerne behandelt werden möchtest.
Die Grundlage für den Erfolg eines Unternehmens folgt dem Grundsatz: **An erster Stelle steht Gott, an zweiter Stelle die Familie und an dritter Stelle die Karriere.**

Die unserer Arbeit innewohnende Würde verschafft uns eine innere Befriedigung. Die Selbstentfaltung und das Hervorbringen der Bedürfnisse der Seele und deren Befriedigung sind existenziell wichtig für den Erfolg eines Unternehmens und Dein Glück und Deine Zufriedenheit. Nur wenn Du das tust, was Deine Selbstentfaltung fördert, tust Du etwas für Dich und die Arbeit wird Dir Freude und tiefe Zufriedenheit bringen. Machst Du die Arbeit hingegen allein für das Unternehmen, um Dich unterzuordnen oder weil Du Gewinne anstrebst, die der Verstand Dir vorgibt, wirst Du scheitern, früher oder später, denn damit tust Du nur eines: Du kränkst Deine Seele und sie erkrankt, da diese Form der Arbeit keinerlei Nährwert für sie besitzt.

Wenn man ein Stück von sich selbst gibt und ein ehrliches Interesse an der ganzen Person des anderen hat, bringt man nicht nur die besten Seiten des anderen zum Vorschein, sondern auch seine eigenen. Dieselbe Haltung lässt sich auch auf die Familie und den Freundeskreis übertragen.


**Welche Risiken würden wir bereitwillig eingehen, um unserer Seele mehr Raum zu geben?**
Was hält Dich, abgesehen von den Ausreden der Traditionsverfechter in Deiner Firma und deren eingefahrenen Handlungsmustern, davon ab, Deiner Seele wirklich zu einem Durchbruch zu verhelfen? Folgen den wertschätzenden Worten auch Taten? Soll die Arbeitswelt, in der Du lebst, wirklich so sein und geht es Dir wirklich gut?

Im Marketing wurde dies bereits erkannt: *Was möchte der Kunde? Und wenn der Kunde Birnen möchte, dann erklär ihm nicht, wie gut Äpfel schmecken.*

Mitarbeiter sind auch Kunden – interne Kunden. Möchte man mehr über sie wissen, dann sollte man auch mal fragen.

Wer oder was verhindert eine Veränderung – Du selbst oder Dein Unternehmen? Deine Persönlichkeit oder Deine Seele? In den meisten Fällen doch die Persönlichkeit und die Gier nach Macht und Geld. Dies gilt es zu ändern. Die Seele muss in den Vordergrund gestellt werden und das, was im Arbeitsalltag umgesetzt werden kann, kannst Du auf Dein ganzes Leben übertragen. Denn alle nun folgenden Punkte zielen auf die Entwicklung der Seele ab:

- Du pflegst einen freundlichen und respektvollen Umgang mit Deinen Mitmenschen, sowohl als Vorgesetzte/-r, Ehefrau/Ehemann, Mutter/Vater, usw.
- Du forderst Deine Mitmenschen, achtest aber darauf sie niemals zu überfordern.
- Mitarbeiter setzt Du in Bereichen ein, in denen sie ihre Stärken und Fähigkeiten nutzen können. Dies beginnt bereits bei der Personaleinstellung. Dieser Punkt lässt sich auch auf Dein Privatleben übertragen und ergänzt den zweiten Punkt: fordern statt überfordern.
- Leistungen werden anerkannt und wertgeschätzt. Ein Klopfen auf die Schulter, ein anerkennendes Wort und Lob sind immer wichtig.
- Du bindest Mitarbeiter so weit wie möglich in Entscheidungen ein. Das betrifft auch Dein Familienleben und weitere Bereiche in Deinem Leben – lebe mit Deinen Mitmenschen, herrsche nicht über sie.
- Du lässt Deine Mitarbeiter und Mitmenschen nicht bei Schwierigkeiten alleine sondern unterstützt sie, wenn Probleme auftreten.
- Biete jedem Menschen in Deinem Umfeld die Möglichkeit sich weiterzubilden und weiterzuentwickeln.
- Deine Mitarbeiter erhalten von Dir konkrete Zielvorgaben.

## Das Wichtigste aus Schlüssel 6:

Versetze Dich mit Einfühlungsvermögen in die Lage anderer, schlüpfe in ihre Haut und erkenne, dass das die Grundvoraussetzung für den Aufbau von Beziehungen ist.

Jeden Tag beeinflusst Du die Biochemie Deiner Mitmenschen und löst dabei Glück oder Trauer, Freude oder Depression aus, förderst Mittelmäßigkeit oder Größe.

Du hast die Macht, die Seele der anderen zu heilen oder zu verletzen – erkennst Du darin diese riesige Kraft, die Du besitzt? Die Macht, in das Leben eines anderen einzudringen, seinen Tag, seine Zeit auf unserer Erde zu einer ganz besonders guten oder entscheidend schlechten werden zu lassen?

Alles, was Du im Leben tust, sprichst, denkst, ist ein Samenkorn und reproduziert ganz nach seiner Art.
Unbedachte Worte können töten, etwas sterben lassen. Doch Worte haben die Macht andere zum Blühen zu bringen – *Du* kannst andere zum Blühen bringen.

Kommunikation und aktives Zuhören sind entscheidend. Dann wirst Du aus magischen Momenten Glück, Energie und Kraft schöpfen. Das was Du gibst, kommt auch zu Dir zurück. So ist es mit jeder Beziehung.

Merke Dir: Liebe bringt Liebe hervor, Zeit bringt Zeit hervor und Hass bringt Hass hervor – gestalte Dein Leben und das Deiner

Mitmenschen aktiv bewusst und nicht unbedacht. *Denn was der Mensch sät, das wird er ernten.* (Gal 6, 7b)

Geld ist nur zweitrangig. Alles spricht dafür, dass mit Gewinnen, die durch Gier und Unehrlichkeit erzielt werden, zwar die Persönlichkeit der Beteiligten belohnt wird, nicht aber ihre Seele.

Wir haben uns die Überzeugung zu eigen gemacht, dass der Wert eines Menschen mit der Größe seines Vermögens gleichzusetzen ist, doch das ist falsch. Erkenne dies. Jetzt ist ein neues Zeitalter der Alchemie angebrochen. Werde zum Alchemisten der heutigen Zeit. Der philosophische Anteil heißt heute *Motivation*, und die Mystik besteht in dem unerschütterlichen Glauben an die Größe des Individuums.

Die Deiner Arbeit innewohnende Würde verschafft Dir eine innere Befriedigung. Die Selbstentfaltung und das Hervorbringen der Bedürfnisse der Seele und deren Befriedigung sind existenziell wichtig für den Erfolg eines Unternehmens und Dein Glück und Deine Zufriedenheit. Nur wenn Du das tust, was Deine Selbstentfaltung fördert, tust Du etwas für Dich und die Arbeit wird Dir Freude und tiefe Zufriedenheit bringen. Diese Zufriedenheit strahlst Du auch auf Deine Mitmenschen aus und wirst damit Samen auf fruchtbaren Boden säen, der Dich bald als bereichernde und Kraft spendende Flora umgibt.

**Meine Notizen zum sechsten Schlüssel:**

# SCHLÜSSEL 7: Könnerschaft (ich denke und sehe = Mut)

Wenn wir das Vertrauen verlieren, weil wir der Wahrheit den Rücken gekehrt haben, leidet die Seele.

Wie haben wir unsere Seele verloren?
Unsere Persönlichkeit liebt Menschen, die die Wahrheit sagen und ihre Versprechen halten, und unsere Seele wird von ihnen befreit. Wird ein Versprechen gebrochen, hat oft von vorneherein die Bereitschaft gefehlt, die Wahrheit zu sagen.

Die Alchemie der Seele hängt nicht von der persönlichen Gegenwart anderer Menschen ab.
Wir treiben die Menschen zur Eile an. Vertrauen statt Kontrolle. Vorschriften besagen, was nicht getan werden darf; die Seele aber sehnt sich danach, etwas tun zu dürfen und zu wissen, was getan werden kann.

Wäre es bequemer, in der Komfortzone zu bleiben, die wir in unserem Leben erreicht haben? Ich möchte an dieser Stelle die Bergpredigt zitieren:

**Evangelium: Von der falschen Sorge: Mt 6, 19 – 21, 24 – 34:**
In der Bergpredigt sagte Jesus: *Sammelt euch nicht Schätze hier auf der Erde, wo Motte und Wurm sie zerstören und wo Diebe einbrechen und sie stehlen, sondern sammelt euch Schätze im Himmel, wo weder Motte noch Wurm sie zerstören und keine Diebe einbrechen und sie stehlen. Denn wo Dein Schatz ist, da ist auch Dein Herz.*

*Niemand kann zwei Herren dienen; er wird entweder den einen hassen und den andern lieben, oder er wird zu dem einen halten und den andern verachten. Ihr könnt nicht beiden dienen, Gott und dem Mammon. Deswegen sage ich euch: Sorgt euch nicht um euer Leben und darum, dass ihr etwas zu essen habt, noch um euren Leib und darum, dass ihr etwas anzuziehen habt. Ist nicht das Leben wichtiger als die Nahrung und der Leib wichtiger als die Kleidung? Seht euch die Vögel des Himmels an: Sie säen nicht, sie ernten nicht und sammeln keine Vorräte in Scheunen; euer himmlischer Vater ernährt sie. Seid ihr nicht viel mehr wert als sie? Wer von euch kann mit all seiner Sorge sein Leben auch nur um eine kleine Zeitspanne verlängern? Und was sorgt ihr euch um eure Kleidung? Lernt von den Lilien, die auf dem Feld wachsen: Sie arbeiten nicht und spinnen nicht. Doch ich sage euch: Selbst Salomo war in all seiner Pracht nicht gekleidet wie eine von ihnen. Wenn aber Gott schon das Gras so prächtig kleidet, das heute auf dem Feld steht und morgen ins Feuer geworfen wird, wie viel mehr dann euch, ihr Kleingläubigen! Macht euch also keine Sorgen und fragt nicht: Was sollen wir essen? Was sollen wir trinken? Was sollen wir anziehen? Denn um all das geht es den Heiden. Euer himmlischer Vater weiß, dass ihr das alles braucht. Euch aber muss es zuerst um sein Reich und um seine Gerechtigkeit gehen; dann wird euch alles andere dazugegeben.*

Es geht eben nicht um die Dinge, die uns zunächst wichtig erscheinen. Die, die wir jetzt noch als am wichtigsten einstufen, sind oft die unwichtigsten. Es ist nicht die Sorge entscheidend, sondern das Sehen: Was hast Du im Blick? Nur wenn Dein Auge unbefangen ist, kann die Seele sich entfalten. Wenn Du Dinge und Mitmenschen in Deinem Leben aus den Augen eines Managers betrachtest, dann wird automatisch alles zum Gegenstand Deiner

Verfügung. Es gibt Schätze, die kannst Du im Leben nicht besitzen. Geld und Luxusgüter kannst Du anhäufen, doch Deine Seele wird dann zu nutzlosem Kapital. Du musst offen sein, dann kannst Du die Seele der anderen erreichen, ihre Eigenheiten, ihre Freiheit und ihr eigenes Wollen und Streben. Über alles, was man im beruflichen und privaten Leben tut, und auf dem höchsten Niveau tut, entscheidet die Könnerschaft! Denn Du denkst und siehst.
Bleibe daher unbefangen und offen. Wie in der Bergpredigt gesagt wird: *Sieh auf die Lilien des Feldes und schau den Vögeln des Himmels nach, dann erkennst Du den Reichtum, der Dir geschenkt wird.*

## Was nennt man Ernte?

Das Gesetz von Saat und Ernte ist unbestechlich und kann von niemandem außer Kraft gesetzt werden, egal wie lange jemand studiert oder welche Machtposition er auch innehaben mag.
*Gott lässt seiner nicht spotten: Was der Mensch sät, das wird er ernten.* (Galater, Kapitel 6, Vers 7)

Das, was Du investierst, kommt zu dir zurück. Ob Du das willst oder nicht – Du kannst es nicht ändern: Das Gesetz von Saat und Ernte.


**Eine inspirierte Seele weiß, was zu tun ist, denn sie folgt einem unsichtbaren, auf Werten basierenden Kodex**
Wenn Du Deine Mitmenschen mit viel Liebe und Wertschätzung behandelst, dann geben sie es Dir auch zurück. Männer wie Henry

Ford erkannten dies schon 1914. Ford war der Erste, der kürzere Arbeitszeiten einrichtete und dabei den Mindestlohn noch verdoppelte. Er wurde damals von den großen Magnaten der Wirtschaft belächelt, sie glaubten nicht an Henry Fords Konzept. Ford führte am 12. Januar 1914 Pausen ein, kürzte die Arbeitszeit von 9 auf 8 Stunden und verdoppelte gleichzeitig den Mindestlohn von 2,34 Dollar auf damals satte 5 Dollar. In empirischen Studien wurde bewiesen, dass die *Ford Motor Company* eine deutliche qualitative Verbesserung feststellen konnte und auch Ford kommentierte, dass die verbesserten Arbeitsbedingungen die beste Investition waren, die sein Unternehmen getätigte hatte. Dies war für die damalige Zeit ein nicht verstehbares Paradoxon. Wie konnte man mit weniger Zeit bessere Ergebnisse erzielen? Henry Ford wusste, dass der Erfolg mit der Mitarbeiterzufriedenheit kommt und dass glückliche Mitarbeiter, die sich wertgeschätzt fühlen, besser arbeiten. Ihm ging es eben um andere Dinge: die große Wertschätzung der Arbeit der Mitarbeiter in Form von Lohn und besseren Arbeitsbedingungen.

Seit Henry Ford gibt es bis heute Pausen, aber in vielen Unternehmen sind die Mitarbeiter weiterhin unglücklich, sie fühlen sich nicht wertgeschätzt und bekommen nicht das, was sie verdienen und bedürfen: die Bedürfnisse der Seele bleiben außen vor. Dennoch gibt es große Unternehmen wie *Siemens Nixdorf* und *Bertelsmann*, die die Bedürfnisse der Mitarbeiter kennen und in diese investieren. Mit internen Kindergärten, deren Öffnungs- und Betreuungszeiten auf die Arbeitszeiten der Mitarbeiter abgestimmt sind, Sportangeboten, Massagen und gut eingerichteten Aufenthaltsräumen wird das Arbeitsklima verbessert und schwere Lasten von den Mitarbeitern genommen. Ein erster Schritt in die richtige Richtung.

Wenn Du Dich engagierst, für Deine Mitmenschen ein besseres Klima zu schaffen, dann wird auch das Engagement Deiner Mitarbeiter ganz automatisch steigen. Die Frage ist nicht, wie man alles immer schneller und effizienter machen kann, sondern wie wir eine mitarbeiterorientierte Unternehmenskultur entwickeln können. Die Entwicklung von Zufriedenheit in Deinem Umfeld und einer förderlichen Kultur kann letztlich nur auf der Ebene des einzelnen Menschen stattfinden. Jeder ist dafür verantwortlich eine Kultur und Philosophie zu leben und zu vermitteln, die die Gesundheit von uns allen fördert.

Unternehmen erzeugen Energieströme, die aus positiven und negativen Feldern bestehen. Diese Energien werden von der Seele gefiltert, absorbiert und nach Möglichkeit in positives Handeln umgewandelt. Aus diesem Grund spürt man die in einem Unternehmen herrschende Atmosphäre fast unmittelbar beim Betreten seiner Räumlichkeiten. Dieses geradezu mystische Gefühl kennt fast jeder. Andererseits strahlen manche Unternehmen ein Gefühl der Leere, Einsamkeit, Unordnung und Melancholie aus, das sich irgendwo in der Magengrube bemerkbar macht.
Auch wenn sich keines dieser Gefühle leicht erklären lässt, so sind sie doch real und deutlich zu spüren. Was wir wahrnehmen, ist die Reaktion der Seele auf die Energie, die sie in einer bestimmten Umgebung vorfindet.


**Die Seele erkennt den Unterschied zwischen Einschränkung und Freiheit**
Die Seele strebt unaufhörlich nach Freiheit und gibt die Hoffnung niemals auf, sie eines Tages zu erlangen. Doch bis dieser Tag kommt, leidet sie.

Bertrand Russel bemerkte einmal zum Christentum: *Das Problem mit dem Christentum ist, dass es nie versucht wurde.* Banken wollen uns weismachen, ihre Angestellten seien mit Vollmachten ausgestattet, was sich schnell widerlegen lässt sobald man einen Kassierer bittet, sich über Vorschriften hinwegzusetzen. Manager von Ölgesellschaften werden dasselbe behaupten, aber versuch mal, bei Deiner Tankstelle einen Mengenrabatt auszuhandeln. In Wirklichkeit erkennt man nämlich sehr schnell, dass die Ermächtigung, die Ausstattung der Menschen mit Vollmachten, schon im Ansatz auf der Strecke geblieben ist. Es ist ein Mythos. Diese Ermächtigung hat nie stattgefunden. Alles ist bis ins Letzte reglementiert.
Die Seele erkennt den Unterschied zwischen scheinbarer und wahrer Ermächtigung – zwischen Einschränkung und Freiheit.

## Zur großen Seelenernte

Durch Attraktivität kommt automatisch die große Anziehungskraft auf andere Menschen, diese führt zur großen Seelenernte.

**Unsere Entscheidung kann nicht nur unserem Leben eine neue Richtung geben, sondern auch dem Leben anderer – für immer**
Unsere Lebensentscheidungen spiegeln meist unsere materiellen und geistigen Werte wieder. Treibende Kraft für die Anstöße, die aus der Persönlichkeit kommen, ist häufig das Bedürfnis, unser Ego zufriedenzustellen: Es geht um materiellen Wohlstand, Selbstwertgefühl, beruflichen Aufstieg, Bestätigung, Anerkennung, Status, Macht, und Ansehen – um all die Dinge also, die uns

wichtig werden, wenn wir das Wesentliche aus den Augen verloren haben. Unsere Seele gibt uns Anstöße, deren Quelle Heiligkeit, Ehrfurcht, Integrität, Liebe, Sinn, Mitgefühl und andere ideelle Werte sind.

Jeden Tag müssen wir von Neuem zwischen diesen beiden Möglichkeiten wählen und unsere Gewichtung variiert, je nachdem, wie weit wir in unserer persönlichen Entwicklung gekommen sind, wie viel Neues wir auf unserem Weg gelernt und entdeckt haben.

**Wir ernten das Verhalten, das wir belohnen**
In unserer heutigen Arbeitswelt ist man sich viel zu wenig der Notwendigkeit bewusst, die Bedürfnisse der Seele zu befriedigen.
Wir wollen etwas, das wir nicht haben können: fortgesetztes Wachstum. Aber wir haben uns in eine chronische Abhängigkeit von Wachstum begeben. Diese Abhängigkeit zersetzt unsere Seele, denn wir wissen in unserem Innersten, dass sie eine tödliche Bedrohung für jede Art von Leben ist. Es ist nicht unsere Bestimmung, am Ende ausgebrannt zu sein, sondern eine ausgewogene Balance zwischen Herz, Verstand und Profit zu finden.

Es ist Zeit für Regeneration. Wir müssen die Arbeit in einer Weise neu gestalten, die es uns erlaubt, unsere materiellen und unsere spirituellen Bestrebungen in ein Gleichgewicht zu bringen und sie in das größere, zeitüberdauernde Bild einzufügen – unser Leben und unsere Seele hängen davon ab.

Es ist an der Zeit, zwischen Lebensstandard und Lebensqualität zu wählen. Vielleicht werden wir dafür belächelt, so wie einst Henry Ford, doch eines ist sicher: Wir werden dafür belohnt!

Im Raumschiff Erde sind wir nicht die Passagiere – wir sind die Besatzung.

# Die eine Vision, die alle Lebensbereiche umfasst

Echte Visionäre werden von anderen Menschen anfangs nicht verstanden. Sie reden von Dingen, die man mit dem Hirn nicht sehen und erkennen kann. Sie reden von Dingen, die anderen Menschen *noch* als irreal, unvernünftig oder als unmöglich erscheinen. Sie werden oft als Träumer abqualifiziert, als *Luftschloss-Architekten* oder *Spinner* bezeichnet, aber es brennt etwas in ihrem Herzen, das in der Lage ist, viele Menschen zu begeistern und für viele Menschen eine echte Problemlösung darzustellen, so wie einst Henry Ford.

**Die Alchemie der Seele**
Warum macht uns Arbeit krank? Wir genießen die Sprache des Krieges und glauben, dass sie uns zu besseren Leistungen anspornt. Aber in Wahrheit spornen wir die Menschen mit Kriegsmetaphern ganz und gar nicht an – wir machen sie krank.
Der ständige Gebrauch einer martialischen Sprache vergiftet die Menschen. Und da Unternehmen die Summe der in ihnen arbeitenden Menschen sind, bleiben auch sie von diesem Gift nicht verschont.

Gewalt und Aggression sind heute allgegenwärtig – in der Werbung, in den Medien, in der Unterhaltungsbranche, in unseren Strategien. Wir sind gegenüber Gewaltmetaphern so unsensibel geworden, dass wir jedes Geschütz auffahren.

## Durch die Art der Kommunikation haben wir die Fähigkeit, Seelen zu verletzen oder zu heilen

Wir sind Alchemisten und führen durch unsere Art der Kommunikation Veränderungen in der Biochemie der anderen herbei, dabei haben wir die Fähigkeit Seelen zu verletzen oder zu heilen. Unsere Worte sind gleichsam biochemische chirurgische Instrumente, mit denen wir die Chemie anderer in Ordnung oder durcheinanderbringen können.

Durch Worte können wir die Stimmung anderer heben oder drücken. Wir können unsere Unternehmen so gestalten, dass sie die Seele beflügeln oder krankmachen. Wir können Seelenfreunde finden oder uns anderen entfremden. Wir können Einfluss darauf nehmen, ob unsere Mitmenschen froh oder traurig, freundlich oder ärgerlich, beflügelt oder niedergeschlagen sind.

Unsere Worte bestimmen die Biochemie und somit auch unser seelisches Befinden. – Wir müssen unsere Worte mit Sorgfalt wählen!


**Nahrung für die Seele**

Wie bereits erwähnt, besitze ich einen Partner auf vier Pfoten. Er trägt den Namen *Sam*.

Schon als er noch ein Welpe war, lernte ich, dass manche Erziehungsmethoden besser funktionierten als andere. Ich lernte, dass ich ihm einen unwiderstehlichen Anreiz bieten musste, wenn ich ihn bewegen wollte, unverzüglich meinen Kommandos nachzukommen. Normalerweise verführte ich ihn mit Leberwurst.

Ich lernte, dass ich nur meine Energie verschwendete, wenn ich ihn anschrie, ausschimpfte oder einzuschüchtern versuchte. Damit motivierte ich ihn nicht, ich jagte ihm nur Angst ein. Er wurde störrisch und ich ärgerte mich.

Meines Erachtens ist Liebe die stärkste motivierende Kraft. Und es funktioniert, wenn man auf die Liebe setzt. Ohne die Liebe verändern wir nichts.

Angst ist die stärkste demotivierende Kraft. Angst führt dazu, dass wir nicht vorankommen und auf der Stelle treten.

Ich versuche zu verstehen, warum so viele Menschen diese Lektion noch immer nicht gelernt haben. Jeder weiß, dass Einschüchterungsversuche und Drohgebärden bei Hunden nichts bewirken, und dennoch halten viele an dem Glauben fest, dass man Menschen mit solchen Mitteln motivieren kann.

Warum wenden wir bei Menschen unbeirrt Methoden an, die noch nicht einmal bei Hunden funktionieren? Wir müssen endlich damit aufhören, Menschen durch Negativanreize und die Androhung von Sanktionen zu besseren Leistungen anspornen zu wollen.

Der Wunsch nach Liebe ist unsere größte Sehnsucht. Wir alle sehnen uns nach mehr Liebe im Leben, nicht nach mehr Angst. Wenn wir Negativanreize durch Ermutigung, Mitgefühl, Vertrauen, Einfühlungsvermögen und Liebe ersetzen, können wir bei den Menschen bislang ungenutzte Energien freisetzen.

Jeder Hund könnte Dir das sagen!

**Träume und Intuition**
Während die Persönlichkeit mit Intuition nicht viel anfangen kann, behandelt die Seele sie als ihren wertvollsten, den fünf anderen Sinnen übergeordneten Sinn.

Die Seele orientiert sich in erster Linie an Ahnungen, Empfindungen und vagen Vorgefühlen. Auch wenn es so gut wie unmöglich ist, den Wert von Träumen und Eingebungen zu messen, zeitigen sie mitunter doch erstaunliche Ergebnisse.

**Bezugspunkte**
Menschen müssen selbst erfahren, welche seelischen Kräfte bei ihnen frei werden, um den Nutzen der Seelenarbeit ermessen zu können. Bilanzen, Rechenschaftsberichte, Umsatzberechnungen oder Meinungsumfragen geben nur beschränkt Einblick in die Kalibrierung der Seele.

Wir müssen uns jedem Versuch widersetzen, unsere Seelenarbeit mit traditionellen, persönlichkeitsbezogenen Maßstäben zu messen. Manche Dinge entziehen sich einer klaren Quantifizierung – sie *sind* einfach!

## Das Wichtigste aus Schlüssel 7:

Vorschriften besagen, was nicht getan werden darf, die Seele aber sehnt sich danach, etwas tun zu dürfen und zu wissen, was getan werden kann.
Bleibe daher unbefangen und offen. Wie in der Bergpredigt gesagt wird: *Sieh auf die Lilien des Feldes und schau den Vögeln des Himmels nach, dann erkennst Du den Reichtum, der Dir geschenkt wird.*

Es gibt Schätze, die kannst Du im Leben nicht besitzen. Geld und Luxusgüter kannst Du anhäufen, doch Deine Seele wird dann zu nutzlosem Kapital. Du musst offen sein, dann kannst Du die Seele der anderen erreichen, ihre Eigenheiten, ihre Freiheit und ihr eigenes Wollen und Streben. Über alles, was Du im beruflichen und privaten Leben tust, und auf dem höchsten Niveau tust, entscheidet die Könnerschaft! Denn Du denkst und siehst.

Du hast bereits gelernt: Das, was Du investierst, kommt zu Dir zurück. Wenn Du Deine Mitmenschen mit viel Liebe und Wertschätzung behandelst, dann geben sie es Dir auch zurück. Wenn Du Dich engagierst, für Deine Mitmenschen ein besseres Klima zu schaffen, dann wird auch das Engagement Deiner Mitarbeiter ganz automatisch steigen. Die Frage ist nicht, wie man alles immer schneller machen kann, sondern wie wir eine mitarbeiterorientierte Unternehmenskultur entwickeln können.

Die Seele strebt unaufhörlich nach Freiheit und gibt niemals die Hoffnung auf, sie eines Tages zu erlangen. Doch bis dieser Tag kommt, leidet sie. Lass die Seele nicht leiden – weder Deine noch die Deiner Mitmenschen – ob privat oder beruflich. Du wirst Deine Attraktivität dadurch steigern und automatisch eine große Anziehungskraft auf andere Menschen ausüben. Mit von Dir getroffenen Entscheidungen, kannst Du Deinem Leben eine neue Richtung geben und auch dem Leben anderer. Deine Seele gibt Dir Anstöße, deren Quelle Heiligkeit, Ehrfurcht, Integrität, Liebe, Sinn, Mitgefühl und andere ideelle Werte sind. Du wirst das Verhalten ernten, das Du belohnst.

Visionäre werden oft als Träumer abqualifiziert, aber es brennt etwas in ihrem Herzen, das in der Lage ist, viele Menschen zu begeistern und eine Problemlösung für sie darzustellen. Du bist ein Visionär. Du machst Dich auf den Weg und nimmst Deine Verantwortung in die Hand – die Verantwortung für Dich und für Deine Umwelt.

Durch Worte und Taten kannst Du die Stimmung anderer heben oder drücken, das Leben anderer fördern oder zerstören. Du musst Deine Worte und Taten mit Sorgfalt wählen und dabei immer Nahrung für die Seele liefern. Mit Gewalt beleidigst Du die Seele, mit Liebe, Zuneigung und Verständnis förderst Du sie. Verschwende nicht Deine Energie in die größte demotivierende Kraft, sondern stille die Sehnsucht nach Liebe und biete positive Anreize anstatt mit Angst und Druck zu herrschen. Konzentriere Deine Energie darauf und setze so ungeahnte Energie und Kraft in Deinen Mitmenschen frei.

**Meine Notizen zum siebten Schlüssel:**

## Schlusswort

Ich möchte Dir am Ende noch einen Text zeigen, den ich vor einiger Zeit entdeckt habe. Er stammt von einem Mann, der im Sterbebett lag. Dieser Text stimmt nachdenklich und macht mir ganz besonders bewusst, was ich in meinem Leben nicht möchte. Dieser Text hat mich tief berührt und mir gezeigt, was ich will: Ich will leben und das Leben mit jedem Atemzug genießen, seine Höhen und Tiefen annehmen und erkennen, was wirklich wichtig ist. Ich möchte meine Mitmenschen mitreißen und ihnen zeigen, um was es geht: um Liebe, Zuneigung, die Befriedigung meiner Seele und meines Herzens. Nur dann erfährst Du wahres Glück und wahren Genuss und erreichst Deine langfristigen Ziele: Die Verwirklichung Deiner Träume und die Saat in Deinem Herzen gehen auf.

## Wenn

ich mein Leben noch einmal leben dürfte,
würde ich viel mehr Fehler machen.
Ich würde entspannen.
Ich würde viel verrückter sein als in diesem Leben.
Ich wüsste nur wenige Dinge,
die ich wirklich sehr ernst nehmen würde.
Ich würde mehr Risiko eingehen.
Ich würde mehr reisen.
Ich würde mehr Berge besteigen,
mehr Flüsse durchschwimmen
und mehr Sonnenuntergänge betrachten.
Ich würde mehr Eis und weniger Salat essen.

Ich hätte mehr echte Probleme und weniger eingebildete.
Sehen Sie, ich bin einer dieser Menschen,
die immer vorausschauend und vernünftig leben,
Stunde um Stunde, Tag für Tag.
O ja, es gab schöne Momente,
und wenn ich noch einmal leben dürfte, hätte ich mehr davon.
Ich würde eigentlich nur noch welche haben.
Nur schöne, einen nach dem anderen.
Wenn ich mein Leben noch einmal leben dürfte,
würde ich bei den ersten Frühlingsstrahlen barfuß gehen
und vor dem Spätherbst nicht damit aufhören.
Ich würde vieles einfach schwänzen.
Ich würde mehr Achterbahn fahren.
Ich würde öfter in der Sonne liegen.


Ich bedanke mich ganz herzlich bei Dir, dass Du mir so lange und aufmerksam zugehört hast. Und ich wünsche Dir, dass Du die von mir zuletzt geschriebenen Worte jetzt auch zu Dir selbst sagen kannst.

# Literaturempfehlungen

SOUL – MANAGEMENT, Lance H. K. Secretan, Lichtenberg Verlag

DAS LEBENSSPIEL, Irene & Thomas Frei, Arkana Verlag, 2. Auflage

Der kybernetisch wirkungsvollste Punkt im Glaubensleben, Karl Pilsl, Verlag Gute Nachricht, 1. Auflage

DIE NATURKONFORME STRATEGIE, Karl Pilsl, Verlag Gute Nachricht, 7. Auflage

# Das Universum hat einen Plan für dich

## Bernds Lebensschule
## für mehr Glück und Erfolg im Leben

### Die Entstehungsgeschichte einer einzigartigen Schule

Bernds Lebensschule ist ein ungewöhnliches Projekt. Ich bin mir nicht sicher, ob es auf einem paradiesischen Spaziergang in der Natur mit Sam, meinem Partner auf vier Pfoten entstand, oder während meiner außerordentlich fruchtbaren Lebens- und Berufsjahre auf der ganzen Welt. Es kann auch einfach eine Botschaft der Seele sein. Mit dem Beginn des Projekts wurde es zur aufregendsten Reise meines Lebens.

Was wäre, wenn Menschen ihr einzigartiges Leben in einer Schule für ein glückliches und erfolgreiches Leben erfahren können? Wie paradiesisch klingt der Gedanke, dass jeder Mensch in der Lage ist, das eigene Leben zu gestalten und nicht mehr von anderen gelebt zu werden?

Ich erzähle aus eigener Erfahrung wie das Leben funktioniert und verzichte dabei auf theoretisches Wissen. Menschen erfahren aus erster Hand Praxiswissen, Wege und Techniken, wie sie, egal aus welcher sozialen Schicht sie kommen, egal wie jung oder alt sie sind, ein wirklich glückliches, erfolgreiches und zufriedenes Leben führen können.

### Inhalte:

Ich verrate die verborgenen Geheimnisse des Lebens und zeige Mittel und Wege, wie jedermann sie entdecken kann. Bernds Lebensschule richtet sich an alle Menschen, die ihr Leben nicht mehr allein dem Schicksal überlassen wollen, sondern

- das Leben nach eigenen Vorstellungen gestalten,
- Balance in alle Lebensbereiche bringen,
- dauerhaft glücklich und erfolgreich sein möchten.

www.das-universum-hat-einen-plan-fuer-dich.com